Vaalikarjaa

Miksi äänestämme idiootteja* valtaan?

Saara Huhtasaari

*Idiootilla viitataan vähälahjaiseen henkilöön, joka tekee jotain tyhmää tai ajattelematonta, esimerkiksi antaa suuria lupauksia ja poikkeuksetta epäonnistuu niiden pitämisessä surkeasti.

Kustantaja: BoD - Books on Demand, Helsinki, Suomi
Valmistaja: BoD - Books on Demand, Norderstedt, Saksa
ISBN: 978-952-80-6777-1

Omistan tämän kirjan henkilöille, jotka uskaltavat uida vastavirtaan.

Alkusanat

Vaalit lähestyvät taas, ja äänestäjiä kosiskellaan mitä ihmeellisimmillä lupauksilla. Ehdokkaat lupailevat jokaisen äänestäjien tarpeisiin sopivaa höttöä, usein ilman todellisuusperää. Ja tämä sama sirkus toistuu vaaleista aina seuraaviin vaaleihin; poliitikot antavat vaalilupauksiaan ja me haluamme uskoa niihin, vaikka vaalien jälkeen vaalilupaukset unohdetaan usein saman tien ja takinkääntö alkaa. Tässä kuviossa ei ole mitään sinällään mitään uutta ja mullistavaa, mutta on kovin merkillistä, että hyväksymme tämän kerta toisensa jälkeen mukisematta. Vaadimme rehellisyyttä puolisoltamme, kollegoiltamme, ystäviltämme, mutta mitä jos alkaisimme vaatimaan sitä myös päättäjiltämme? Perusteellinen ja seuraamuksellinen rehellisyyden sekä vastuunkantamisen vaatiminen olisi paras lääke palauttamaan politiikan ja poliittisen päätöksenteon kansalaisten ja kansakunnan etujen palvelemiseksi.

Sisällysluettelo

Alkusanat

"Jos äänestämällä voisi vaikuttaa, ei meidän annettaisi äänestää" - Mark Twain.

Johdanto

Äänestyskäyttäytyminen on harvoin suoraviivaista. Siihen vaikuttavat lukuisat tekijät ja psykologiset prosessit. Saamme jatkuvasti vaikutteita ympäristöstämme, ja sen kautta omaksumme itsellemme myös erilaisia käyttäytymismalleja. Vaalien alla korostuvat tietyt ilmiöt ja erilaiset manipulointikeinot, joissa henkilön käyttäytymistä, asenteita ja mielipiteitä ohjaillaan tarkoituksenhakuisesti. Useampi taho syyllistyy tähän äänestäjien ohjailemiseen. Media luo mielikuvia, ja puolueet sekä ehdokkaat antavat useimmiten katteettomia lupauksia. Tämän lisäksi äänestäjän älyllinen kapasiteetti toimii esteenä parhaan ehdokkaan valinnassa, koska useimmat heistä ovat haluttomia käyttämään kognitiivisia resurssejamme kyseenalaistamaan heille kerrottuja asioita, eikä heillä myöskään ole kompetenssia tunnistaa itseänsä älykkäämpiä kandidaatteja. James Baldwin toteaakin, että "keskinkertaisuus ei kysele mitään". Demokraattiset vaalit tuottavat yleisesti keskinkertaista johtajuutta ja politiikkaa. Henkilöt äänestävät usein samoja ehdokkaita tietämättä todella, mistä todellisuudessa äänesti tai ketä äänesti.

12

Tämä kirja on lyhyt katsaus vaalien alla esiintyvistä ilmiöistä, valehtelun rehottamisesta erityisesti ennen vaaleja sekä äänestyskäyttäytymisestä psykologiselta näkökulmalta. Kirjan tarkoituksena on saada lukija ymmärtämään ennen vaaleja toistuvia ilmiötä, äänestyskäyttäytymistä ylipäätänsä sekä mahdollisesti myös pohtimaan omaa äänestyskäyttäytymistään. Kirja tarjoaa myös muutaman vinkin siitä, miten tunnistaa muunnellun totuuden kertojat.

Kirja koostuu viidestä osasta. Ensimmäisessä osassa analysoidaan vaalien alla esiintyviä ilmiöitä: muun muassa gallupien ohjailua, median manipulointia sekä vaalien alla rehottavaa valehtelua. Toisessa osassa lähestytään äänestyskäyttäytymistä psykologiselta kannalta muun muassa kognitiivisten vinoumien sekä erilaisten valintateorioiden kautta. Kolmannessa osassa käsitellään lyhyesti edustuksellisen demokratian ongelmia, ja neljännessä osassa esitellään vaalien jälkeistä traumaperäistä stressioiretta. Viidennessä osassa annetaan muutamia vinkkejä siihen, miten päästä totuuden jäljille. Kirja päättyy loppusanoihin.

Kirjan materiaali koostuu "ihmismielen ihmettelyä" -blogeistani, aikaisemmista kirjoistani, äänestyskäyttäytymistä käsittelevästä kirjallisuudesta, lukuisista eri tutkimuksista sekä tieteellisistä julkaisuista.

OSA I

Vaalien alla esiintyviä ilmiöitä

"Kaikki on sallittua äänestäjien manipuloinnissa."

1. Vaalien alla esiintyviä ilmiöitä

Erityisesti vaalien alla erilaiset manipulointi muodot ovat vallitsevia. Äänestäjiä manipuloidaan usealta eri taholta, ja moni taho syyllistyy äänestäjien ohjailemiseen. Manipulointi on negatiivinen sosiaalipsykologinen ilmiö, joka tapahtuu usein verbaalisten keinojen avulla. Äänestäjät saavat jatkuvasti vaikutteita ympäristöstään, ja sen kautta omaksuvat itselleen myös erilaisia käyttäytymismalleja. Sosiaalisen ympäristön vaikutus käyttäytymiseen on huomattava. Vaalien alla tietyt ilmiöt korostuvat. Gallupien kautta tietoisesti ohjaillaan äänestyskäyttäytymistä. Gallupien lisäksi media ohjaa ja manipuloi äänestäjiä tiettyyn suuntaan. Media nostaa tiettyjä ehdokkaita valokeilaan, ja tietyt ehdokkaat jätetään varjoon. Tietyille ehdokkaille annetaan enemmän palstatilaa kuin toisille. Osa ehdokkaista myös demonisoidaan (*stigmailmiö**) median puolesta, kun taas osa ehdokkaista saa päänsä päälle sädekehän (*sädekehäilmiö**). Tämän lisäksi äänestäjiä uhkaillaan, luodaan kauhukuvia, syyllistetään sekä syytetään. Myös manipulointikeinot, kuten toistot ja näkyvyys, ovat vahvasti läsnä. Ja kirsikkana kakun päällä ovat ehdokkaat, jotka kosiskelevat äänestäjiä katteettomilla lupauksillaan, joissa valehtelu rehottaa.

Stigmailmiö = *kognitiivinen vinouma, jossa tehdään negatiivinen yleistys kohteesta.*

Sädekehäilmiö = *kognitiivinen vinouma, jossa kohteeseen, jolla on jokin myönteinen ominaisuus, liitetään muitakin positiivisia piirteitä.*

1.1. Gallupit ohjailevat

Gallupeja käytetään usein politiikan välineenä. Usean asiantuntijan vastaus siihen, kannattaisiko meidän luottaa gallupeihin, on varauksellinen ei. Gallupit manipuloivat äänestäjiä, puolueet pyrkivät lähinnä osoittamaan olevansa suosittuja, ja lehdistö pyrkii lisäämään vaalien kiinnostavuutta ja omaa lukuarvokkuuttaan. Gallupit ajavat usein omaa agendaansa. Ongelmana on myös se, että niissä voi esiintyä systemaattisia ongelmia, jolloin gallupista tulee vääristynyt, epäluotettava, ja näin ollen mielipidekysely suosii vain tiettyä nimenomaista ehdokasta tai puoluetta. Erityisen kriittisesti kannattaa suhtautua vaalien alla otsikoihin, jotka kertovat meille, mitä tulevaisuudessa mahdollisesti tapahtuu eli mikä puolue tai kuka ehdokas voittaa vaalit. Alla on mainittu huomionarvoisia seikkoja gallupeista.

Gallupit ovat mielipidetiedusteluja

Mielipidetiedustelut ja kyselyt eivät ole mikään tarkka ennuste, koska ei löydy täysin objektiivisia robotteja, jotka kysyisivät 100-prosenttisesti neutraaleja kysymyksiä ja olisivat 100-prosenttisesti puolueettomia. Mielipidemittausten avulla pyritään tietoisesti vaikuttamaan politiikan prosesseihin ja lopputulemaan. Pahimmassa tapauksessa gallupeja teetetään tukemaan jotakin tiettyä poliittista tavoitetta, esimerkiksi tiettyjä tuloksia joko korostetaan tai vähätellään jonkin puolueen tai ehdokkaan hyväksi.

Tiedotusvälineet usein nostavat esiin yhden kandidaatin tai puolueen, joka saa enemmän julkisuutta verrattuna muihin. Tästä seuraa se, että kyseinen kandidaatti saa yhä enemmän tunnettavuutta ja ylimääräistä kannatusta seuraavaankin gallupiin.

Mielipidekyselyt ovat tarkempia, mitä lähempänä kysyttävä asia on. Mutta yli-päätänsä tulevaisuuden ennustaminen on vaikeaa, ja sen takia lukijoiden tulisi suhtautua kriittisesti erityisesti otsikoihin, jotka kertovat meille, mitä tulevaisuudessa mahdollisesti tapahtuu. Gallupit eivät tätä tiedä.

Ryhmäpaine eli Bradley-ilmiö

Jos gallupit osoittavat, että suurin osa ihmisistä suosii jotain tiettyä puoluetta tai ehdokasta, se antaa äänestäjälle sellaisen kuvan, että muut ehdokkaat ovat vähäpätöisempiä, ja tämä tietty ehdokas mahdollisesti jopa syrjäyttää muut ehdokkaat. Ja heitä, jotka ovat eri mieltä valtavirran kanssa, helposti painostetaan, heidän mielipiteitään pidetään epäsuosit-tuina, virheellisinä ja jopa merkitykset-töminä. Tässä on kyse ryhmäpaineesta, jonka tarkoituksena on saada henkilön käyttäytyminen, ajattelu ja arvomaailma vastaamaan ryhmän odotuksia. Ryhmäpaineen alla vallitsee ajattelumuoto, että "kaikki muutkin äänestävät niin".

Tämän vuoksi henkilö todennäköisesti antaa mielipidekyselyssä, ryhmäpaineen alaisena, "yleisesti hyväksytyn" ehdokkaan nimen, mutta kuitenkin äänestyskopin suojissa äänestää aivan toista ehdokasta. Tällaisen käyttäyty-misen taustalla on usein niin sanottu *Bradley*-ilmiö, jossa henkilöt eivät yksinkertaisesti uskalla kertoa, ketä he oikeasti äänestävät, koska sitä ei katsota yleisesti hyväksytyksi tai "poliittisesti oikeaksi" ehdokkaaksi.

Voittajan vankkurit -ilmiö

"Voittajan vankkurit" -ilmiö (englanniksi *Brandwagon effect*) on psykologinen ilmiö, jossa ihmiset haluavat olla voittajan puolella. Tämä ilmiö näkyy erityisesti kaksivaiheisissa vaaleissa (Suomessa esimerkiksi presidentin vaaleissa viimeisellä kierroksella). Ennakkosuosikilla on selkeä etulyöntiasema. Ilmiössä äänestäjät siirtyvät todennäköisesti voittajan puolelle, koska he kokevat, että häviäjälle annettu ääni menee hukkaan. Bandwagon effect -ilmiötä ei kuitenkaan ole kyetty takuu-

22

varmaksi osoittamaan. Tämä ilmiö voi joskus jopa kääntyä itseään vastaan. Ihmiset voivat siirtyä kannattamaan puoluetta, joka on alakynnessä (ks. "Undergod"-ilmiö).

Underdog-ilmiö

Psykologien mukaan altavastaajana oleminen symboloi meitä. Haluamme ikään kuin kamppailla häviäjän kanssa. Psykologien mukaan koemme ja tunnemme empatiaa epäreilun toiminnan kohteeksi joutunutta kohtaan. Sitten kun henkilö ei enää koe kamppailulle tarvetta, siirtyy hän todennäköisesti voittajan vankkureihin.

Gallupien tutkimusmenetelmässä voi esiintyä tilastollisia ongelmia

Mielipidetiedustelun tutkimusmenetelmässä voi esiintyä tilastollisia ongelmia, ja sen takia tuloksia ei voida pitää täysin luotettavina. Ongelmana on usein ulkoinen luotettavuus eli validiteetti. Edustavan otoksen saaminen on vaikeaa, ja otannasta tulee sen vuoksi vino. Pienissä otoksissa tai pienelle kohderyhmälle suunnatut otokset voivat niin ikään vääristää tuloksia. Tulokset voivat vääristyä myös epätoivotun mittausvirheen tai tarkoitushakuisen manipuloinnin kautta. Lisäksi lopputulokseen voi vaikuttaa kysymysten muotoilu tai kysymysten esittäminen joko negatiivisessa tai positiivisessa sävyssä. Virhemarginaali tulisi ilmoittaa tulosten yhteydessä. Jos puoluekannatuksen muutos on suurta, niin mielipidetiedusteluihin sovelletaan korjauskerrointa, joka huomioi aikaisempien vaalien äänestyskäyttäytymisen, mikä kuitenkin ennustaa heikosti vaalitulosta.

Ottaen huomioon edellä mainitut seikat gallupeille ei pitäisi antaa liian suurta painoarvoa, niihin kannattaisi suhtautua tietyllä varauksella, ja niiden ohjaileva vaikutus äänestyskäyttäytymiseemme olisi hyvä tiedostaa.

1.2 Manipuloiva media

Ennen media välitti uutisia kertomalla, että jotain on tapahtunut, ja sitten lukija sai itse muodostaa oman mielipiteensä sekä tehdä omat johtopäätöksensä aiheesta. Nykyisin uutiset kertovat lukijalle, mitä mieltä hänen tulee olla, ja lukijan täytyy miettiä, että onko median välittämä uutinen edes totta. Ja tämä ulottuu kaikkeen siihen, mitä media julkaisee. Median rooli ennen vaaleja on keskeisessä asemassa. Kaikki uutiset, mainokset, ajankohtaisohjelmat muokkaavat äänestäjien mielipiteitä. suurin osa näistä on tietoisesti sekä tarkoitushakuisesti valittu vaikuttamaan ja ohjaamaan äänestäjien ajattelua sekä äänestyskäyttäytymistä. Media kontrolloi äänestäjiä. Erityisesti vaalien alla media tietoisesti valitsee, mitä se julkaisee ja mitä ei. Jos sitä ei ole uutisissa, sitä ei ole olemassa. Äänestäjien kiinnostus kasvaa sellaisia asioita kohtaan, joista uutisoidaan, ja asioista, joista ei uutisoida, kiinnostuksen tila jää minimaaliseksi.

Media myös ohjailee mielipiteitä sekä muodostaa uusia näkemyksiä. Media ei ole puolueeton, toimittajatkin ovat vain ihmisiä ja siten subjektiivisuuteen taipuvaisia eli eivät täysin puolueettomia. Poliittiset mielipiteet vaikuttavat toimittajien uutisointiin. Media on rehellinen niin kauan kuin julkaistavat asiat ja uutiset ovat linjassa sen kanssa, mitä meidän halutaan

25

kuulevan. Täysin objektiivista mediaa ei ole olemassakaan, ja useamman jutun takana on jonkin intressin ajaminen. Vaalien alla median intressinä on ohjailla äänestäjiä ja heidän äänestyskäyttäytymistään tietyllä tavalla.

Median manipuloinnista olen kirjoittanut jo kirjassani "Manipuloiva media". Tässä kirjassani tarkastelen ilmiötä äänestäjien ohjailun ja äänestyskäyttäytymisen näkökannalta.

Huomionhakuinen media

Huomionhakuinen media pyrkii lisäämään vaalien kiinnostavuutta ja lehtiensä lukuarvoa tilaamalla, teettämällä ja julkaisemalla mielipidetiedusteluja (ks. yllä gallupit). Näin he myös itse saavat voimakasta julkisuutta. Mielipidetiedustelujen julkaisulla on tarkoitus lähinnä välittää omia näkemyksiä ja harjoittaa markkinointitekniikkaa vastakkaisten näkemysten suhteen. Media päättää, mitä puolueita tai keitä ehdokkaita he pitävät kannattavana ja mitä puolueita tai ehdokkaita vastaavasti ei.

Mielipiteiden ohjailu

Media ohjaa mielipiteitämme. Mielipiteemme muotoutuu informaation sisällyttämistä vihjeistä. Media haluaa kertoa meille, ketä meidän tulisi äänestää nostamalla median kannattamia ehdokkaita esille muiden ehdokkaiden jäädessä taka-alalle. Suomessa valtamedia ei juurikaan kirjoita mitään positiivista tietyistä puolueista, ehdokkaista tai poliitikoista. Näiden kohdalla negatiiviset uutiset saavat näyttävää julkisuutta, kun taas positiiviset uutiset sivuutetaan ilman sen suurempaa huomiota. Puolueet eivät niinkään määräydy ajamiensa asioiden ansioista, vaan mielikuvien. Ja se mielikuva, joka myy parhaiten, nostetaan otsikoihin. Se, että onko median luoma mielikuva puolueesta tai ehdokkaasta totta, on sivuseikka. Median tehtävänä ei ole etsiä totuutta, vaan huomionhakuisuutta. Mielikuvien avulla vaikutetaan meidän asenteisiimme. Media antaa valtaosin positiivisen kuvan tietyistä puolueista, ja negatiivisen puolen tietyistä puolueista tai sitten ei ollenkaan mainitse heitä. Jokaisella sanalla on jokin merkitys. Avainsanojen käyttö on keskeisessä roolissa: negatiiviset sanat ja mielikuvat nostattavat pintaan negatiivisia tunteita ja positiiviset positiivisia. Toimittajien henkilökohtaiset kokemukset sekä toiveajattelut vaikuttavat joko suoraan tai epäsuorasti heidän kirjoituksiinsa. Uutisten tarkoituksena on lähinnä kouluttaa sekä ohjata kansaa äänestämään oikein. Käytetyistä sanoista seuraa seuraamuksia, ja nämä seuraamukset ovat sidoksissa sanan merkityksellisuuden sekä kuulijan antaman tunnelatauksen kyseistä sanaa kohtaan. Media pystyy manipuloimaan äänestäjien ajatuksia sekä suhtautumisia tiettyyn suuntaan.

Näkyvyys

Puolueta ei mainita uutisissa. Media ei välitä tietoa puolueesta tai välittää tietoa minimaalisesti tai kohdennetusti. Negatiivinen informaatio vahvistaa äänestäjien negatiivista käsitystä tietystä puolueesta tai ehdokkaasta, kun taas vastaavasti positiivinen uutinen vahvistaa positiivista kuvaa. Media antaa näkyvyyttä sellaisille mielipiteille, jotka ovat vallitsevassa linjassa heidän kanssaan, mutta eriäviä mielipiteitä ei joko julkaista tai niitä dissataan. Haukutaan ja vähätellään. Media tuo näkyvyyttä myös erilaisten kuvien asettelun sekä valinnan kautta. Myös kuvan kohteen ilmeellä ja habituksella on vaikutusta. Media valitsee ystävällisiä, uskottavia ja helposti lähestyttäviä kuvia suosikkiehdokkaistaan ja vastaavasti luotaantyöntäviä kuvia ehdokkaista, joista eivät välitä. Massoja myös ohjaillaan todenperäisillä asioilla. Nämä ovat asioita, joissa valhe sekoitetaan totuuteen. Media tuhoaa ehdokkaan tai puolueen antamalla henkilöstä tai puolueesta hitaasti valheita sekoitettuna todenmukaisiin asioihin. Media saa kenen tahansa ehdokkaan näyttämään pelleltä kuvailemalla häntä idiootiksi, tyhmäksi, ja tähän lisättynä poliittiset pilapiirrokset vain korostavat mielikuvaa pellestä. Hieman hienovaraisemmin media valitsee kuvat niin, että vihollisista julkaistut kuvat näyttävät ehdokkaista huonot puolet, joissa he näyttävät epäedustavilta, ja suosikeista julkaistaan positiivisia sekä edustavia kuvia.

Toistot

Media harjoittaa toistoja, ja toistot vastaavasti vaikuttavat meihin. Jos meille toistetaan jatkuvasti sekä riittävän usein jotain asiaa, olipa se totta tai ei, niin alamme uskoa siihen. Se muuttuu muistissamme totuudeksi. Tutkimukset kertovat, että ihmisten käsitykseen totuudesta voi helposti vaikuttaa, ei tarvitse kuin toistaa jotakin väittämää. Puolueet ja ehdokkaat käyttävät toistoja. Toiston tarkoituksena on edesauttaa oman agendan läpimenoa. Kun samaa slogania käytetään loputtomasti, saadaan myös muut henkilöt vakuuttuneiksi iskulauseen paikkansa pitävyydestä. Lisäksi ehdokkaat, jotka saavat paljon näkyvyyttä, tulevat useille henkilöille tutuiksi, ja juuri tämän näkyvyyden kautta henkilö alkaa näyttämään tutulta, (tunnetaan myös "altistumis-vaikutuksena"), ja ihmisillä on luontainen taipumus luottaa tuttuihin henkilöihin ja henkilöihin, jotka näyttävät tutuilta.

Poissulkemisen taktiikka

Poissulkemisen taktiikka on tehokas keino estää tiettyjä puolueita tai ehdokkaita saavuttamasta tavoitteitaan. Media pimittää tietoja, asiaa ei tahdota ymmärtää tai sitten tahallaan ymmärretään väärin ja vääristellään sanoja. Suurennellaan tiettyjä ja sanoja ja vähätellään toisia. Poissulkemista tapahtuu myös puheenaiheen vaihdon

kautta tai leimaamalla toinen neuvottelu-
kelvottomaksi. Tiettyjen puolueiden tai
ehdokkaiden pääsy evätään vaalipanee-
leista ja heille annetaan mahdollisemman
vähän palstatilaa. Lisäksi sensuroinnin
kautta media jättää julkiasematta tietyn
puolueen tai tietyn ehdokkaan ajamia
asioita.

Äänestäjien syyttäminen ja syyllistä-minen

Syyttäminen sekä syyllistäminen ovat oivia
manipuloinnin välineitä, ne toimivat psy-
kologisena kontrollointina. Äänestäjiä pe-
lotellaan, syytetään sekä syyllistetään vaa-
lien alla eri tavoin, esimerkiksi sanomalla,
että vain äänestämällä tiettyä puoluetta voit
vaikuttaa tai jos äänestät puoluetta x, niin
olet tyhmä ja yksinkertainen tai mikäli an-
nat äänesi ehdokkaalle y, niin äänesi menee
hukkaan. Vaikka syyllistetty tietäisi, etteivät
edellä mainitut syytökset ole välttämättä
totta, ne voivat silti aiheuttaa ahdistusta
henkilössä. Syyllistetty janoaa usein hyväk-
syntää, ja tämä yhdistettynä syyllistämiseen
voi vaikuttaa henkilön äänestyspäätökseen.
Median antama informaatio manipuloi
äänestäjiä ajattelemaan ja suhtautumaan

tiettyihin puolueisiin tai tiettyihin ehdokkaisiin erityisellä tavalla.

Massamanipulointi

Massamanipuloinnissa on kyse psykologian periaatteisiin perustuvien tekniikoiden, kuten tunnepuolen (usein pelon) tarkoituksenmukaisesta sekä tietoisesta hyödyntämisestä massojen, heidän käyttäytymisensä sekä päätöksentekonsa ohjailemiseksi johonkin tiettyyn suuntaan. Nykyisin erilaiset somealustat, esimerkiksi Amazon, Facebook, Google, Instagram ja Google, toimivat avainasemassa. Somejätit analysoivat äänestäjiä sekä keräävät muun muassa äänestäjien henkilötietoja. Algoritmien kautta keskustelua sitten ohjaillaan, sensuroidaan sekä harhautetaan. Tarkoituksena on muun muassa äänestyskäyttäytymisen ohjailu tiettyyn suuntaan. Massat pidetään ei ainoastaan tietämättöminä, vaan myös älyllisesti keskinkertaisina, koska keskinkertaiset eivät James Baldwikin mukaan kyseenalaista mitään.

Ja koska keskinkertaisuus ei kyseen-
alaista mitään, niin hän ei myöskään osaa
kapinoida nykyistä äänestysjärjestelmää
vastaan ja on ohjailtavissa. Siksi massa-
manipuloinnissa median on helppo
halutessaan tuhota joku henkilö, eh-
dokas tai puolue ilman, että suuri massa
tämän edes huomaa. Tuhoamiskeinoja
on useita, esimerkiksi media yhdistää
ehdokkaan johonkin sellaiseen, jonka
suuret massat sitten usein tiedos-
tamattaan hylkäävät. Sillä, onko asia,
johon kohde yhdistetään, totta vai ei, ei
ole väliä. Tärkeintä on kylvää epäilyksen
siemen äänestäjien mieleen. Media voi
liittää ehdokkaan johonkin rikolliseen
toimintaan, arveluttavaan henkilöön,
epäilyttävään organisaatioon tai kyseen-
alaiseen toimintaan. Media ohjailee myös
massoja todenperäisillä asioilla, jotka
ovat osaksi totta, mutta osaksi valhetta.
Usein he käyttävät myös niin sanottua
lykkäysstrategiaa, jossa tiettyjen puolu-
eiden epäsuosittuja päätöksiä esite-
täänkin välttämättömänä, ja näin totu-
tetaan massat ajatukseen, että päätökset
olivatkin yhteisen hyvän vuoksi. Samoin
tietyt puolueet nostetaan massamanipu-
loinnissa hyviksiksi ja toiset pahiksiksi, ja

33

koska henkilö usein psykologisesti kiinnittää egonsa ja itsetuntonsa ajatukseen, asiaan tai ryhmään, niin hän tietenkin haluaa kuulua hyvisten ryhmään. Itse asiassa sosiaalinen paine ajaa tähän.

Kuten yllä olevista kohdista voit havaita, niin medialla on valtaa, se muokkaa äänestäjien mielipiteitä, manipuloi kuvilla, jättää kertomatta, piilottelee, suurentelee tai vähättelee asioita. Toimittajat manipuloivat kirjoittamalla myötätuntoa herättävästi, ilkkuvasti, syyllistävästi sekä tosiasioita sekoittamalla. Media kertoo meille, mitä meidän tulee ajatella puolueista tai ehdokkaista. Median uutisoinnista puolueettomuus on kaukana, ja koska media ei tarjoa meille puolueetonta tietoa puolueista eikä ehdokkaista, emme pysty tietämään, mitä puolueet ja ehdokkaat ajavat, saati edustavat. Media lähinnä kertoo meille, mitä mieltä äänestäjä saa olla puolueista tai ehdokkaista sekä mitä puoluetta tai ehdokasta on sopiva äänestää.

Stigmatisointi

Stigmatisointi on jonkin asian tai yksilön sosiaalista leimaamista sekä syrjintää. Vaa-

34

lien alla media käyttää stigmatisointia vallankäytön muotona, jolla vaikutetaan ihmisten käsityksiin ehdokkaista sekä puolueista. Stigman avulla johonkin ehdokkaaseen tai puolueeseen liitetään jokin negatiivinen mielikuva. Leimautuminen johtuu usein ennakkoluuloista tai ennakkoasenteista kuten pelosta, inhosta tai vihasta. Kun jokin asia tai henkilö, kuten esimerkiksi joku ehdokas tai puolue, on stigmatisoitu, niin ihmiset alkavat karttamaan tai torjumaan kyseistä asiaa tai henkilöä. Ja vaikka asiasta tai henkilöstä myöhemmin annettaisiinkin asianmukaista tietoa, niin usein tämä ei kuitenkaan saa aikaan asennemuutosta, koska ihmiset, tässä tapauksessa äänestäjät, äänestävät tottumustensa mukaisesti ja tunnepohjaisesti.

Pelko

Media luo pelkoa esimerkiksi pelkoa herättävällä poliittisella retoriikalla, jossa korostetaan terrorismin uhkaa, taloudellista epävakautta, luonnonkatastrofeja. Pelolla on usein voimakas vaikutus useampaan äänestäjään. Pelkäävä ihminen äänestää puoluetta, joka lupaa tuoda turvallisuutta. Pelko vaikuttaa myös rationaaliseen ajatteluun, ja henkilö ei pysty rationaalisesti ajattelemaan, miten puolue pystyy tämän konkreettisesti turvaamaan.

1.3 Puolueiden ja ehdokkaiden taktikointi

Puolueet ja ehdokkaat käyttävät erilaisia taktikointikeinoja päämääriensä saavuttamiseksi.

Muiden syyttäminen

Meillä on sisäänrakennettu pakko löytää aina syyllinen, ja tämä syyllinen löytyy yleensä ulkopuolelta. Kun henkilö tuntee epämukavuutta, niin hän alkaa luonnollisesti syyttämään jotakin toista ihmistä tai jotakin muuta tahoa vastenmielisestä olotilastaan. Syyttäminen tuo helpotuksen tunnetta pahaan oloon. Tämä lisäksi muiden syyttäminen on erinomainen puolustusmekanismi, se auttaa henkilöä säilyttämään itsetunnon tunteen välttämällä tietoisuutta omista virheistä tai puutteista. Syyttäminen toimii työkaluna, ja kun henkilö on hyökkäystilassa, hän pyrkii syyttämisen avulla satuttamaan toista. Puolueet ja useat ehdokkaat eivät ota vastuuta lupauksistaan tai sanoistaan, vaan vierittävät sen jonkun toisen syyksi. Puolueet myös harrastavat toisten puolueiden tai ehdokkaiden dissaamista. Tämä tapahtuu erilaisen negatiivisen kritiikin, pilkan, ivan ja vähättelyn kautta.

Selittäminen

Kun jotain menee pieleen, esimerkiksi vaalilupauksia on rikottu, takkia on käännetty tiuhaan tahtiin tai päätöksiä ei ole tehty, ehdokkailla on kova tarve selittää, miksi näin on käynyt. Puolueet ja ehdokkaat syyttävät ulkoisia tekijöitä omista epäonnistumisistaan ja omia virheitään huonoista olosuhteista. Luonnollisesti muiden puolueiden ja ehdokkaiden virheet johtuvat heidän osaamattomuudestaan sekä taitojen puutteesta. Ihmisen aivot on säädetty niin, että syyllisyyttä ja kiitosta käsittelevät toiminnot prosessoidaan aivojen eri alueilla ja eri mekanismeilla. Syyttäminen ja syyllisyyden tunteet ovat sijoitettu aivoissa tunteisiin liittyvän tiedon käsittelyalueelle, kun taas kiitos ja kohteliaisuudet ovat aivojen loogisen ajattelun alueella. Sen takia syytämme toisia paljon herkemmin verrattuna kiitoksen tai kohteliaisuuksien antamiseen. Tämä johtaa siihen, että ihmiset olettavat usein, että toisten hyvät teot ovat yksinkertaisesti sattumanvaraisia, mutta huonot teot tehdään tarkoituksella.

Kysymyksiin vastaamattomuus

On silmin nähden huomattavaa, että poliitikoilta harvoin saa suoraa vastausta mihinkään kysymykseen. Usein he toistelevat ulkoa opeteltua jargoniansa vastaten asian vierestä. Kyseessä on niin sanottu "ei-vastauslausuma". Poliitikoille on tyypillistä käyttää välttely ja vaikutelman luomisen taktiikkaa kysymyksiin vastatessa. Kysymyksiä vältellään esimerkiksi väittämällä, ettei ymmärtänyt kysymystä, tai ei vastata kysymykseen vaan viitataan vastauksella johonkin aikaisempaan kommenttiin. Vastauksissa käytetään myös paljon epämääräisiä sanoja, jottei tarvitse täysin sitoutua tarinaan, tai kikkaillaan hienoilla sanoilla, jotka menevät maallikolta yli. Vastaamisen sijasta poliitikoille kaikkein tärkeintä on vaikutelman luominen itsestä osaavana sekä taitavana poliitikkona, ja tämä tehdään jakamalla vakuuttavia lausuntoja usein asian vierestä.

Vastuunvälttely

Puolueet ja ehdokkaat syyttävät muita, jotta heidän ei tarvitsisi itse olla vastuussa. Kun ei pysty olemaan vastuussa, niin silloin ei myöskään ole haavoittuvainen. Siksi puolueet sekä ehdokkaat hanakasti syyttelevät muita ja samalla kiertävät vastuun. Ja yleensä aina löytyy joku taho, mahdollisesti joku toinen ehdokas jostain toisesta puolesta, joka on syypää kaikkiin ongelmiin.

Henkilökohtaiset hyökkäykset

Vaalipaneeleissa haastattelija ja ehdokkaat ryhtyvät silloin tällöin asian sijasta puhumaan mielipiteen esittäjästä. *Suorassa henkilökohtaisessa hyökkäyksessä* joku ehdokas pyritään asettamaan kyseenalaiseksi esimerkiksi luonteen, luotettavuuden tai motiivien suhteen. *Epäsuorassa henkilökohtaisessa hyökkäyksessä* haastattelija tai toinen ehdokas pyrkii osoittamaan ristiriidan toisen ehdokkaan esittämän näkökannan ja hänen käyttäytymistapojensa tai aiempien mielipiteidensä välillä. Vaalipaneeleissa kuulee myös usein *passiivis-aggressiivisia kommentteja* ja muita tyypillisiä lauseita, kuten: "Et ymmärtänyt mitä minä sanoin", "sinun kanssasi on mahdotonta keskustella", "suurin osa ajattelee näin." Tällaiset kommentit ovat voimakkaista aseita. Vaalipaneeleissa harjoitetaan myös *poissulkemista*. Haastateltava tai muut ehdokkaat ymmärtävät asiat joko tietoisesti väärin, tai toisten ehdokkaiden näkökantoja vääristellään. Poissulkeminen tapahtuu usein myös puheenaiheen vaihdon kautta ja leimaamalla toinen neuvottelukelvottomaksi ja hänen näkökantansa virheelliseksi. Asia voidaan myös sulkea pois vaalipaneelista julistamalla se tabuksi.

Äänestäjien syyllistäminen

Syyllistäminen on oiva manipuloinnin väline, niin kuin jo aikaisemmin kohdassa "media manipuloi" mainitsin. Syyllistäminen on psykologista kontrollointia. Syyllisyyden tunteemme juuret juontavat jo lapsuudesta. Ehdokkaat syyllistävät median tavoin äänestäjiä esimerkiksi sanomalla, että vain äänestämällä heidän puoluettaan voit vaikuttaa, mutta jos äänestät puoluetta x, niin olet tyhmä ja yksin-

kertainen tai mikäli annat äänesi ehdok-
kaalle y, niin äänesi menee hukkaan. Vaik-
ka äänestäjä tietäisi, etteivät em. syytökset
välttämättä ole totta, ne voivat silti
aiheuttaa ahdistusta henkilössä. Syyllistetty
äänestäjä janoaa usein hyväksyntää, ja tämä
yhdistettynä syyllistämiseen voi vaikuttaa
henkilön äänestyspäätökseen.

Vaalimainokset, näkyvyys ja toistot

Puolueet ja ehdokkaat käyttävät toistoja.
Toiston tarkoituksena on edesauttaa oman
agendan läpimenoa. Kun samaa slogania
käytetään loputtomasti, saadaan myös
muut henkilöt vakuuttuneiksi iskulauseen
paikkansa pitävyydestä. Lisäksi ehdokkaat,
jotka saavat paljon näkyvyyttä, tulevat
useille henkilöille tutuiksi, ja juuri tämän
näkyvyyden kautta henkilö alkaa näyt-
tämään tutulta (tunnetaan myös *altistumis-
vaikutuksena*), ja ihmisillä on taipumus luot-
taa tuttuihin henkilöihin ja henkilöihin, jot-
ka näyttävät tutuilta.

Katteettomat vaalilupaukset

Kun vaalit lähestyvät, kosiskellaan äänes-
täjiä taas mitä ihmeellisimmillä tekaistuilla

41

ja katteettomilla lupauksilla. Valitettavasti aika harva äänestäjä kyseenalaistaa tai haastaa näitä tyhjiä vaalilupauksia, koska heidän ensisijainen oletus on se, että se mitä heille kerrotaan, on totta, ja tätä taipumusta on äärimmäisen vaikea muuttaa. Olemme myös haluttomia edes käyttämään kognitiivisia voimavarojamme ja kyseenalaistamaan sitä, että meille valehdeltaisiin. Ehdokkaat käyttävät hyväkseen myös äänestäjien muistia, joka tunnetusti on lyhyt ja mahdollisesti väärä (ks. kohta 2.4 äänestäjien lyhyt muisti).

Vaalilupaukset, ovat katteettomia lupauksia, joita ei ole edes tarkoitus toteuttaa. Ehdokkailla ei ole mitään pakkoa, saati tarvetta noudattaa lupauksiaan, koska lupausten rikkomisesta ei koidu ehdokkaalle minkäänlaisia sanktioita. Ne ovat vain tyhjiä lupauksia, sanahelinää, jossa äänestäjälle kerrotaan ja luvataan sitä, mitä hän haluaakin kuulla. Ehdokkaat ovat oppineet sanomaan ja lupaamaan sitä, mitä äänestäjä haluaa kuulla, ei totuutta. Ja tämä on hyvä pitää mielessä.

Kyselin somekanavissani, mitkä ovat törkeimmät toteutumatta jääneet vaalilupaukset. Nämä kymmenen sai eniten mainintoja:

1) Vappusatanen
2) Soinin takinkääntö
3) Koulutuksesta ei leikata
4) Hoitajien palkankorotukset
5) EU:sta ei tule liittovaltiota
6) Heinäluoma ja Nordstream
7) Vihreät ja ydinvoima
8) Vasemmisto ja Nato. "Natoon ei liitytä minun vaalikaudellani."
9) Poliittiset nimitykset eivät kuulu demokratiaan – Vihreät
10) Kreikka III tukipaketti.

Äänestäjille valehdellaan suoraan päin näköä, ja mikä pahinta tässä kuviossa on se, että äänestäjät myös sallivat tämän. Ehdokkaat antavat vaalilupauksiaan huolimatta siitä, voidaanko niitä koskaan laittaa toteen. Ja äänestäjät ottavat nämä vaalilupaukset todesta edes kyseenalaistamatta niitä. Oleellisin asia, mitä äänestäjän tulee vaalilupauksista ymmärtää, on se, että ne ovat voimassa vain vaalien ajan, eivät vaalien jälkeen. Ne ovat vain tyhjiä lupauksia, joilla ei ole tarkoituskaan toteutua.

Nämä yllä mainitut erilaiset puolueiden ja ehdokkaiden käyttämät taktikointi keinot toistuvat vaaleista aina toisiin vaaleihin. Äänestäjiä ohjaillaan sekä mahdollisesti syyllistetään, ehdokkaat ja puolueet syyttelevät toisiaan, kaikki ajavat ja toistavat vain omaa agendaansa, ja valehtelu rehottaa. (Valehtelun rehottamisesta, päättäjistä ja valehtelusta sekä siitä, miten päästä totuuden jäljille, enemmän kappaleissa 5.1 ja 5.2).

OSA II

Äänestyskäyttäytyminen psykologisesta näkökulmasta

"Äänestäjien älyllinen kapasiteetti toimii esteenä parhaan ehdokkaan valinnassa."

2. Äänestyskäyttäytyminen psykologiselta näkökannalta

Äänestyskäyttäytyminen on harvoin suora-viivaista. On olemassa useita eri tekijöitä (ideologisia, kulttuurisia, sosiaalisia, historiallisia) ja psykologisia prosesseja, jotka vaikuttavat ihmisten äänestyskäyttäy-tymiseen. Usein äänestämme tietämättä todella, mistä äänestimme tai ketä äänestimme. On havaittu, että nykyiset äänestäjät eivät enää ime puoluekantaansa äidin-maidosta, vaan yhä useampi on "liikkuva äänestäjä". Liikkuvilla äänestäjillä on taipumus asettua oppositiossa olevan puolueen taakse, koska he uskovat tai ainakin toivo-vat, että oppositiossa oleva puolue tekisi erilaista politiikkaa kuin hallituspuolueet. Yleinen ilmiö nykyisin on myös vastaan äänestäminen. Vastaan äänestämisessä on kyse äänestää enemminkin jotakin vastaan kuin puolesta. Tämä näkyy usein presiden-tin vaaleissa, joissa äänestäjä pitää molem-pia kandidaatteja huonoina, mutta toista vielä huonompana, ja sen vuoksi valitsee ehdokkaan, jottei vaan hänen inhokkinsa menestyisi. Yleensä äänestäjät äänestävät ehdokkaita, joiden vaalilupaukset ja joiden tekemä politiikka parhaiten heijastaa äänestäjän omia tavoitteita. Äänestyspäätös voi syntyä vasta vaalikampanjoiden lopussa tai vasta matkalla äänestyspaikalle, jotkut päättävät vasta äänestyskopissa.

Äänestyskäyttäytymiseen vaikuttavat psykologiset prosessit, joihin kuuluvat henkilön havainnot, tunteet sekä motivaatio. Kaksi psykologian osa-aluetta, sosiaalipsykologia sekä päätöksenteon psykologia (mm. valintateoriat), ovat erityisen tärkeitä. Nämä tieteenalat selittävät äänestyskäyttäytymistä erityisesti ennen vaaleja koskevia ilmiöitä tieteellisen ymmärryksen kautta. Äänestyskäyttäytymiseen vaikuttavat myös muut sellaiset tekijät kuin motivaatiotekijät, läheiset ihmiset, puolueuskollisuus, teemat, tiedostamattomat tekijät, tietämättömät ajatusprosessit, tunteet (pelko on yksi tehokkaimmista tavoista kasvattaa äänestyskuntaa), ennakkoluulot sekä ehdokkaan ominaisuudet. Äänestäminen ei välttämättä perustu rationaaliseen päätöksentekoon, vaikka näin toivoisimme. Jon Krosnick Stanfordin yliopistosta on jopa todennut, että kaikki päätöksentekomme on itse asiassa tiedostamatonta. Myös monen muun psykologin mukaan emme

49

hallitse päätöksentekoa niin hyvin kuin haluaisimme uskoa. Äänestyskäyttäytymiseen vaikuttavat myös vaihtelevat tekijät, yksittäiset satunnaiset kokemukset sekä mieliala. Tämän lisäksi henkilön tiedostamattomat ajatusprosessit, tunteet ja ennakkoluulot vaikuttavat hänen tietoisiin päätöksiinsä hänen siitä tietämättään.

Lisäksi älyllinen kapasiteettimme toimii esteenä parhaan ehdokkaan valinnassa, koska useimmat meistä ovat haluttomia käyttämään kognitiivisia resurssejamme kyseenalaistamaan asioita, eikä meillä ei myöskään ole kompetenssia tunnistaa itseämme älykkäämpiä kandidaatteja. James Baldwik toteaakin, että "keskinkertaisuus ei kysele mitään". Demokraattiset vaalit tuottavat yleisesti keskinkertaista johtajuutta ja politiikkaa, mikä johtuu La Rochefoucauldin mukaan siitä, että keskinkertaiset ihmiset tuomitsevat tavallisesti kaiken, mikä menee heidän käsityskykynsä yli.

2.1 Persoonallisuus, äänestäjät versus ei-äänestäjät

Persoonallisuus

Persoonallisuustutkimusten mukaan monilla ihmisillä on tavoiteorientoituneisuutta eli taipumusta suuntautua johonkin tavoitteeseen. Äänestyskäyttäytymisessä tunne siitä, että on aktiivisesti vaikuttamassa vaaleihin, voi toimia voimakkaana motivaattorina. Ihmiset haluavat olla mukana vaikuttamassa. Persoonallisuudella on havaittu olevan kausaalinen vaikutus asenteisiin sekä käyttäytymiseen. Tutkijat ovat havainneet, että ihmisten psykologiset perusominaisuudet eli persoonallisuus vaikuttaa siihen, miten hän osallistuu poliittiseen maailmaan. Poliittisen suuntautumisen sekä persoonallisuuspiirteiden välinen suhde on moniselitteinen. Kun tarkastellaan henkilön päätöksentekoprosessia, on tarpeen ottaa huomioon myös henkilön persoonallisuuspiirteet, jotta saisimme mahdollisimman kattavan selityksen henkilön äänestyskäyttäytymiseen. Persoonallisuustekijöiden lisäksi ympäristötekijät sekä yksilötasoiset erot vaikuttavat. Nämä kaikki vaikuttavat henkilön toimintamalleihin ja asenteisiin. Poliittisen ideologian on havaittu olevan myös periytyvää. Henkilö ei astu poliittiseen maailmaan tabula rasana, vaan hän kantaa mukanaan jopa muuttumattomia ennakkoasenteita kyseisistä puolueista. Jokaisella meistä on psykologisia taipumuksia eli persoonallisuuden piirteitä, jotka auttavat luomaan meille ominaiset tavat toimia ja ajatella.

Yksi suosittu soveltavan tutkimuksen väline politiikkatieteissä on käytetty niin sanottua viiden faktorin rakennetta (englanniksi *Big Five*), jossa on viisi persoonallisuuspiirrettä: ekstraversio, miellyttävyys, avoimuus, tunnollisuus ja neuroottisuus edustavat jatkumoa, ja nämä ominaisuudet pysyvät ihmisessä suhteellisen vakaina läpi elämän. Cawvey ja kumpp. (2017) havainnollisti viiden faktorinmallin avulla persoonallisuutta ja äänestyskäyttäytymistä. He havaitsivat, että ekstraversio sekä avoimuus liittyi todennäköisemmin poliittisen tiedon hankintaan. Avoimet henkilöt sekä ekstrovertit myös todennäköisemmin kävivät keskusteluja politiikasta sekä osallistuivat todennäköisemmin politiikkaan. Myös muut tutkimukset tukevat tätä havaintoa. Tunnollisuutta, joka implikoi huolellisuutta sekä velvoitteiden vakavasti ottamista, löytyi enemmän konservatiivisilta henkilöiltä. He myös äänestävät todennäköisemmin kuin ei-konservatiiviset. Sama pätee solidaarisiin ihmisiin, he ovat motivoituneempia äänestämään, koska he kokevat vahvaa yhteenkuuluvuutta ryhmänsä jäsenien kanssa ja haluavat osallistua, jotta ryhmän yhteiset päämäärät tulee tavoitettua. Sääntökuuliaisuus on myös yksi tärkeä tekijä. He äänestävät todennäköisesti. Kroonisesti skeptiset ihmiset äänestävät harvemmin, koska heille tyypillistä on kyseenalaistaa ja epäillä. Myös vähemmän luottavaiset ihmiset äänestävät harvemmin.

Ikä ja politiikka

Iän ja politiikan vanhin sääntö on ollut se, että ihmiset muuttuvat iän myötä konservatiivisemmiksi. Uusimman tutkimuksen mukaan tämä ei kuitenkaan enää näyttäisi pitävän paikkansa, ainakaan IsossaBritanniassa tai Yhdysvalloissa. Nuffieldin yliopistossa tehdyssä tutkimuksessa (2022) havaittiin, että milleniaalit (Y-sukupolvi, syntynyt 1980-luvun alussa ja 1990-luvun lopussa) eivät ikääntyessään ole siirtyneet konservatismiin samassa mittakaavassa kuin aikaisemmat sukupolvet. Nähtäväksi jää, onko nuorempi sukupolvi edeltäjäänsä konservatiivisempi.

Äänestäjät versus ei-äänestäjät

Ihmisten päätökseen äänestää tai olla äänestämättä liittyy erilaisia tekijöitä. Aika moni henkilö kokee äänestämisen joko kansalaisoikeudekseen tai velvollisuudekseen. He, jotka kokevat sen oikeutena, ovat ylpeitä ja kiitollisia, että voivat olla mukana vaikuttamassa ja että voivat käyttää äänioikeuttaan, kun taas velvollisuudentuntoiset äänestäjät usein kokevat, että heillä on velvollisuus niin valtiota kuin ehdokkaita kohtaan äänestää. Molemmat kokevat moraalista velvollisuutta. Äänestäminen voi olla myös halu osallistua demokratiaan edes kollektiivisella tasolla, ja siksi jotkut äänestävät niin sanotun yhteisen hyvän vuoksi. Osa äänestäjistä äänestää ainoastaan protestiksi ja antaa ns. protestiäänen. Tällä tavalla he kokevat saavansa äänensä kuuluviin. On havaittu, että kansalaisvelvollisuus motivoi henkilöitä äänestämään.

Päätös olla äänestämättä ei myöskään ole mitenkään harvinaista. On olemassa suuri joukko ihmisiä, jotka eivät syystä tai toisesta äänestä. Äänestämättä jättäminen voi koskea vain tiettyjä vaaleja tai kaikkia. Välillä voi olla niin, että henkilö on yksinkertaisesti estynyt saapumasta äänestyspaikalle sairauden, matkan tai jonkin muun syyn vuoksi. Joskus kyse voi olla yksinkertaisesti laiskuudesta. Henkilö on vain niin laiska, ettei jaksa raahautua paikalle.

Mutta yksi yleisimmistä syistä jättää äänestämättä on luottamuspula. Luottamus vaikuttaa äänestäjien käyttäytymiseen: ne, jotka luottavat, äänestävät todennäköisemmin, kun taas vastaavasti ne, jotka eivät luota, jättävät suurella todennäköisyydellä äänestämättä. Äänestäjältä on mennyt luottamus poliitikkoja kohtaan, ja hän kokee, ettei yksikään vaaleilla valittu poliitikko ole konkreettisesti onnistunut auttamaan tavallisen kansalaisen elämää. Epäluuloiset henkilöt pitävät poliittista järjestelmää korruptoituneena, mikä vastaavasti heikentää heidän

motivaatiotaan osallistua. Luottamus-
pulasta seuraa usein pettymys. Osa äänes-
täjistä on saanut tarpeekseen poliittisesta
eliitistä, johon he eivät luota ja johon he
eivät voi samaistua ja siksi jättävät äänes-
tämättä. Jotkut äänestäjät jättävät äänestä-
mättä periaatteen vuoksi. He eivät voi hy-
vällä omallatunnolla äänestää ketään, kos-
ka eivät sopivaa ehdokasta löydä, tai he
eivät halua yksinkertaisesti tukea vallalla
olevaa äänestysjärjestelmää. Osa äänestä-
jistä ei äänestä, koska politiikka ei yksin-
kertaisesti ole heidän juttunsa. Kiinnostus
on tasan nolla, ja jos kiinnostusta ei löydy,
niin ei ole myöskään tietoa. Tiedonpuute
on myös yksi syy, miksi jotkut ihmiset eivät
äänestä. He kokevat, etteivät ymmärrä
tarpeeksi hallituksesta, puolueiden politii-
kasta tai yksittäisten ehdokkaiden ajamista
asioita. Aika moni jättää äänestämättä
myös sen takia, koska he eivät yksinkertai-
sesti näe mitään järkevää syytä äänestää, ja
he myös kokevat, että heidän äänensä me-
nee hukkaan.

Äänestäminen on tottumiskäyttäytymistä

On havaittu, että jos henkilö on kerran äänestänyt, niin hän todennäköisesti äänestää myös seuraavalla kerralla. Erityisesti, jos äänestyskokemus oli miellyttävä, ja varsinkin silloin, jos henkilö uskoi, että hänen äänellään oli väliä. Tottumiskäyttäytyminen juontaa juurensa myös lapsuudesta: jos perheessä käytiin äänestämässä, lapsi sai siitä mallin käyttäytymiselleen. Perheessä omaksutut mallit usein periytyvät ja vaikuttavat omaksuttaviin rooleihin sekä äänestyskäyttäytymiseen.

2.2 Kognitiiviset vinoumat ohjaavat äänestäjiä

Äänestyskäyttäytymiseen sekä päätöksentekoprosessiimme vaikuttavat merkittävästi useat tiedostamattomat tekijät, tietämättömät ajatusprosessit, tunteet sekä ennakkoluulot. Toisin kuin useimmat meistä haluaisivat uskoa, tutkijaryhmä on selvittänyt, että päätöksenteko on prosessi, jossa aivot itse asiassa valmistelevat päätöksemme tiedostamattamme. Aivom-

me muokkaavat päätöksiämme kauan
ennen kuin tiedostamme ne tietoisesti.
Sama pätee äänestyskäyttäytymiseemme.
Äänestämme usein samoja ehdokkaita
asiaa sen kummemmin ajattelematta.
Teemme asioita tietämättä todella, miksi
niin teemme tai miksi jätämme tekemättä.
Meillä ei valitettavasti ole niin paljon valtaa
omiin ajatuksiimme ja käyttäytymiseemme
kuin uskomme tai luulemme. Huomiom-
me kiinnittyy pääsääntöisesti johonkin tut-
tuun ja turvalliseen. Otamme vihjeitä ja
saamme vaikutteita ympäristöstämme sekä
muista ihmisistä. Tämän lisäksi käyttäyty-
mistämme, asenteitamme ja mielipiteitäm-
me ohjaillaan erilaisten manipulointi-
keinojen kautta. Tiivistäen sanottuna
olemme johdateltavissa. Kognitiiviset vi-
noumat ohjaavat valintojamme.

Kognitiivinen vinouma on psykologinen
käsite, jolla viitataan ihmisten taipumuksiin
hahmottaa ja painottaa havaintoja, tulkin-
toja ja informaatiota tietyillä tavoin. Kog-
nitiiviset vinoumat, joita myös harhoiksi ja
vääristymiksi kutsutaan, johtavat usein
virhearviointeihin tiedollisten syiden takia.
Henkilö luulee olevansa esimerkiksi
tietoinen siitä, ketä hän äänestää, vaikka

todellisuudessa hänen äänestyspäätöksensä on vääristynyt erilaisten kognitiivisten vinoumien takia. Tämän vuoksi on elintärkeää, että tiedostamme näiden olemassaolon, jotta pystyisimme tekemään parempia päätöksiä.

Ennakkoasenteet ja ennakkoluulot

Olemme alttiita lukuisille alitajuisille harhoille, ennakkoluuloille, ennakkoasenteille ja stereotypioille. Näillä ei ole mitään tekemistä logiikan kanssa, ja mitkään todelliset näytöt tai realiteetit eivät tue näitä. Ennakkoluulot aiheuttavat harhaa, ja nämä harhat vaikuttavat siihen, miten toimimme ja miten äänestämme. On olemassa erilaisia kognitiivisia ennakkoluuloja, jotka vaikuttavat tiedostamattomasti siihen, miten teemme päätöksiä. Meillä on tapana muodostaa mielipiteemme ensimmäisen saamamme tiedon perusteella. Myös sanojen käyttö vaikuttaa ennakkoluuloihimme, joko vaimentavasti tai korostaen. Ihmiset eivät myöskään halua kuulla asioista, joita he eivät koe mielekkäinä tai joista he eivät ole kiinnostuneita. Epämiellyttävät faktat, todistettavissa olevat tosiasiat, eivät yleensä vetoa meihin, varsinkaan, jos ne eivät tue luontaisia ennakkoluulojamme. Emme myöskään halua menettää tai "missata" asioita eli pidämme vanhoista asioista kiinni. Ja lopuksi ihmiset mieluummin valitsevat tutun ja turvallisen vaihtoehdon kuin uuden. Uuteen vaihtoehtoon sisältyy aina riski. Ennakkoasenteemme selittää osaksi sen, miksi äänestämme lähes aina samoja henkilöitä ja puolueita valtaan.

Valitseminen on vaikeaa, ja päätösten tekeminen aiheuttaa henkistä ylikuormitusta. Mitä enemmän teemme valintoja, sitä enemmän aivomme kuormittuvat. Mitä enemmän teemme päätöksiä päivän aikana, sitä enemmän aivojemme kapasiteetti pienenee. Kun tulemme väsyneiksi, alamme tehdä päätöksiä enemmänkin impulsiivisesti tarkan harkinnan sijasta. Mitä enemmän päätöksiä joudumme tekemään, olivatpa ne sitten yksinkertaisia tai monimutkaisia, sitä enemmän olemme altistuneessa tilassa ja sitä vähemmän meillä on henkistä energiaa ja tahdonvoimaa tehdä järkeviä valintoja.

Kognitiivisia vinoumia, jotka vaikuttavat äänestysprosessiin, on listattu alla.

Ylivertaisuusvinouma, Dunning-Kruger-ilmiö

Ilmiössä on kyse kognitiivisesta vinoumasta, ns. "ylivertaisuusvinoumasta", jossa ihmisillä on kyky sokeasti yliarvioida älyllistä kapasiteettiaan samalla kun he aliarvioivat muiden heitä jopa älykkäämpien henkilöiden älyllistä kapasiteettia. Tutkimuksessa ihmiset arvioivat suorituksensa yleensä keskiarvon yläpuolelle, myös ne, jotka olivat asteikon häntäpäässä. Ihmiset eivät siis ainoastaan olleet sokeita omille suorituksilleen, vaan myös toisten kompetensseille, ja jos he eivät pysty arvioimaan omaa pätevyyttään tai omia puutteitaan, eivät he myöskään näe muiden puutteita tai pätevyyksiä. Saksalainen sosiologi Mato Nagel loi matemaattisen vaalimallin käyttäen hyväksi Dunningin tutkimusta. Malli havainnollisti, että äänestäjillä ei ole kompetenttia tunnistaa itseään älykkäämpiä kandidaatteja. Kansa valitsee vain harvoin parhaimman ja asiantuntevimman ehdokkaan. Jos äänestäjällä ei esimerkiksi ole riittävää tietotaitoa terveydenhuollosta ja siihen liittyvistä koukeroista, on hänen hyvin vaikea löytää ehdokas, jolla kyseistä osaamista löytyisi. Tämän takia keskinker-

61

tainen ehdokas vetää pidemmän korren. Ihmisille yksinkertaisesti on vaikeaa omaksua liian älykkäitä visioita, koska suurimmalla osalla meistä ei ole riittävästi yleissivistystä kyseisen vision tunnistamiseen.

Lisäksi on havaittu, että vähemmän älykkäät ihmiset ovat tavallisesti uskomattoman itsevarmoja asiastaan verrattuna oikeasti älykkäisiin ihmiseen, jotka sitä vastoin eivät niinkään ole. Itsearviointi on hyödyllinen metakognitiivinen taito, mutta se vaatii älykkyyttä; jos et ole riittävän älykäs, et pidä itseäsi puutteellisena tai tietämättömänä, koska teknisesti sinulla ei ole kykyä tehdä niin. Itsevarma ehdokas uskoo asiaansa vankkumattomasti (tai ainakin antaa sellaisen mielikuvan) ja esittää asian uskottavasti, koska ei ymmärrä sitä seikkaa, ettei mahdollinen vaalilupaus ole konkreettisesti toteutettavissa.

Ihmisten tapa yliarvioida tietonsa ja taitonsa tunnetaan psykologiassa ylivertaisuusvinoumana, myös Dunning-Kruger -efektinä, joka lähinnä viittaa tiedollisiin taitoihin. Dunning-Kruger-ilmiö on paljastanut, että vähemmän älykkäät ihmiset ovat yleensä uskomattoman itsevarmoja.

Älykkäämmät ihmiset eivät sitä vastoin ole juuri lainkaan. Tässä vinoumassa yksilö yliarvioi kykynsä jossakin suhteessa, kuten osaamisessaan ja/tai tietotaidoissaan. Itsearviointi on hyödyllinen metakognitiivinen taito, mutta se vaatii älykkyyttä. Ja mitä huonompi henkilö on kyseisissä taidoissa, sitä enemmän hän yliarvioi omaa osaamistaan. Tämä taasen johtuu siitä, että kun henkilöllä ei ole vaadittavia tietotaitoja, hän ei myöskään osaa arvioida omaa osaamistasoaan. Paradoksaalisesti eri tutkimusten mukaan korkean tietotaidon omaavat ihmiset puolestaan aliarvioivat omaa osaamistaan. Tällainen henkilö tietää paljon ja ymmärtää sen, ettei kuitenkaan ole kykeneväinen tietämään kaikkea, koska elämä on yhtä oppimista. Useimmissa tutkimuksissa on havaittu, että mitä alhaisempi kyky ja taito ihmisellä on, sitä suurempi on hänen taipumuksensa yliarvioida kykyjään. Tällainen henkilö on usein myös äänekkäin. Sanonta "tyhjät tynnyrit kolisevat eniten" ei ole siis tuulesta temmattu.

Negatiivisuusvinouma

Negatiivisuusharha on negatiivinen lähestymistapa, jossa ihmisten taipumuksena on muistaa paremmin negatiivista tietoa, ja he myös antavat negatiivisten tunteiden hallita päätöksentekoa. Psykologien mukaan ihmisillä on taipumus kiinnittää huomiota etupäässä negatiivisiin asioihin positiivisten asioiden jäädessä taka-alalle. Tämä ilmiö on ihmisluonnon universaalinen piirre: negatiiviset tapahtumat yksinkertaisesti herättävät enemmän kiinnostusta. Evoluutioteoria selittää tätä ilmiötä eloonjäämisenä, koska negatiivisilla tilanteilla ja tapahtumilla on yleensä vakavampia seurauksia verrattuna positiivisiin. Nebraskan yliopistossa tutkijat John Hibbing ja Kevin Smith löysivät yksilöiden välillä biologiaan pohjautuvia eroja siinä, kuinka voimakkaasti he reagoivat negatiivisiin asioihin. Tutkimuksessa kävi ilmi, että biologisesti voimakkaammin negatiivisiin asioihin suhtautuvat ihmiset ovat muita todennäköisemmin skeptisempiä uusia toimintatapoja kohtaan. He ovat parempia riskin ja vaaran tunnistamisessa, ja heille sellaiset asiat kuin turvallisuus, takuu ja traditiot ovat ensi sijalla.

Tutkimuksessa havaittiin, että negatiivi-suusvinouma näyttäisi ennustavan ihmis-ten asenteita muun muassa maahanmuut-toon liittyviin riskeihin ja muihin havait-tuihin uhkiin, ja on havaittu, että nega-tiiviset ihmiset äänestävät usein maahan-muuttokielteisiä puolueita. Krosnick (2017) on tutkimuksessaan havainnut, että ehdokkaat voivat lisätä äänestysprosent-tiaan korostamalla vastustajansa kielteisiä ominaisuuksia, jopa sellaisia ominaisuuk-sia, jotka eivät edes liity vastustajan poli-tiikan tekoon.

Parkinsonin triviaalisuuden laki

Ihmiset käyttävät suhteettoman paljon enemmän aikaa triviaaliasioihin, joita he olettavat ymmärtävänsä, ja näkevät niistä enemmän vaivaa verrattuna monimut-kaisiin asioihin, joita he eivät ymmärrä. Ihmiset usein hylkäävät intellektuellit ja monimutkaiset aiheet, koska heillä ei ehkä ole kokemuksia tai tarpeeksi tietoa aiheesta tai he kokevat asian liian pelottavaksi, jotta he haluaisivat sitoutua siihen, koska sitoutuminen menestyksekkäästi asiaan vaatii paljon aikaa ja vaivaa. Pinnalliset, joutavat, mitättömät asiat taas tarjoavat paljon enemmän mahdollisuuksia osallistua ja vaikuttaa. Jos joku tietotyyppi alkaa puhumaan isoilla vaikeasti ymmärrettävillä sanoilla ja asioilla esimerkiksi korkokannoista ja soteuudistuksesta, nämä vaikeasti ymmärrettävät aiheet ajavat pois henkilöitä, jotka eivät ole joko seuranneet tai eivät ole perillä kyseisistä asioista. Monelle äänestäjälle riittää se, että löytyy ehdokas, joka esiintyy itsevarmasti ja tarjoaa jonkin yksinkertaisen ratkaisun monimutkaiselle ongelmalle. Suurin osa äänestäjistä ei jaksa käyttää kognitiivisia voimavarojaan tai ylikuormittaa aivojaan, ja siksi yksinkertainen ratkaisu on äänestäjille paljon houkuttelevampi ratkaisu kuin monimutkaiseen asiaan perehtyminen.

Tuttu ja turvallinen

Tutkimukset ovat osoittaneet, että olemme kiinnostuneita kaikesta siitä ja huomiomme kiinnittyy kaikkeen siihen, mikä on meille tuttua ja turvallista. Tämä on alitajuinen prosessi, jota emme tiedosta, emmekä myöskään ole tietoisia valintamme tekemisestä. Tämä pätee myös äänestyskäyttäytymisessä: meitä kiinnostaa ehdokas, joka on tuttu tai tutunoloinen ihminen, koska pidämme häntä turvallisena. Tämä ei ainoastaan koske ihmisiä, jotka olemme fyysisesti tavanneet, vaan tämä liittyy myös sellaisiin ihmisiin, jotka näyttävät tutulta tai käyttäytyvät tavoilla, jotka ovat tuttuja meille. Myös sellaisissa tilanteissa, joissa henkilön käytös on loukkaavaa tai väheksyvää, ne henkilöt, jotka ovat kasvaneet huonoissa olosuhteissa, kokevat kaltoinkohtelun kotoisana, mikä johtuu siitä, että meidän alitajuinen mielemme on sidoksissa menneisyytemme kanssa. Ihmiset haluavat tuntea yhteenkuuluvuutta ja äänestää henkilöitä, joiden kanssa heillä on jotakin yhteistä. Lisäksi toistuva altistuminen tietyille ehdokkaille tuo heitä tutuksi ja samalla lisää heidän vetovoimaansa.

Suosittu

Henkilöt luottavat erilaisiin signaaleihin, kuten suosioon. Äänestäjät käyttävät usein yksinkertaista heuristista arviointia, eli suosittu on hyvää. Useimmilla äänestäjillä ei ole aikaa lisätä tietämystään kaikista ehdokkaista tai tutkia jokaista vaalilupausta ja niiden mahdollista toteutumista. Tämän sijaan äänestäjä luottaa suosioon: jos kaikki muutkin äänestävät henkilöä "x", niin henkilö järkeilee, että henkilön "x" on oltava hyvä ja kelvollinen ehdokas (ks. myös kohta "voittajan vankkurit"). Usein puolueiden tai ehdokkaiden ei edes tarvitse mainostaa itseään parhaana, vaan äänestäjälle riittää se tieto, että kaikki muut ajattelevat kyseisen puolueen tai ehdokkaan olevan paras sekä hyvä.

Ankkurointivaikutus

Ankkurointivaikutus, toiselta nimeltään psykologinen ankkuri, tarkoittaa vinoumaa, jossa henkilö painottaa eli ankkuroi ajatuksensa äänestäjän ensimmäiseen tarjoamaan ehdotukseen tai ensimmäisenä tapaamaansa ehdokkaaseen.

Uponneiden kustannusten harha -vinouma

Äänestäjä on mahdollisesti satsannut paljon energiaa, aikaa ja/tai rahaa tiettyyn puolueeseen tai ehdokkaaseen. Ja tämä satsaus saa hänet ajattelemaan, että on perusteltua kannattaa ja tukea kyseistä henkilöä tai puoluetta. Ja vaikka puolue tai ehdokas ei enää ajaisi niitä asioita, joita äänestäjä haluaisi, niin henkilölle on äärimmäisen vaikea perääntyä ja myöntää, että hänen kannattamansa puolue tai ehdokas ei enää edustakaan sitä, mitä hän luulee. Pelkkä ajatuskin siitä, että hän on käyttänyt energiaansa väärän asian puolustamiseen, on useimmille ylitsepääsemätöntä.

Luottamus herättää luottamusta

Useissa tutkimuksissa on osoitettu, että luotettavat ja uskottavat ihmiset ovat vakuuttavampia. Sama ilmiö on havaittu oikeussalissa, luottavainen olemus on tuomarille paljon vakuuttavampi kuin hermostunut ja epäröivä. Poliitikot ovat selvästi tietoisia tästä, ja sen takia he yrittävät näyttää luotettavilta, koska luottamus on tärkeää politiikassa. Poliitikot ovat selvästi tietoisia tästä, ja siksi haluavat vaikuttaa ja näyttää itsevarmoilta, koska äänestäjät myös äänestävät luotettavan sekä itsevarman tuntuisia ehdokkaita.

Kriteerinä ulkonäkö (sädekehäilmiö, stigmailmiö)

Sosiaalipsykologien mukaan fyysisellä vetovoimalla on merkitystä ehdokkaan vaalimenestykseen. Viehättävän näköiset ihmiset saavat enemmän ääniä verrattuna vähemmän viehättäviin. Psykologian tuntema halo- eli sädekehäilmiö vaikuttaisi olevan tässä keskeinen. "Sädekehäilmiö" tarkoittaa sitä, että henkilön ominaisuutta käytetään henkilön yleiseen arviointiin. Äänestäjät siis olettavat, että fyysisesti viehättävillä ehdokkailla on muitakin positiivisia ominaisuuksia, kuten älykkyyttä, ystävällisyyttä, emotionaalista vahvuutta, rehellisyyttä ja toimintavalmiutta. Ja näiden olettamuksien pohjalta sitten tehdään puolueellisia päätöksiä sekä virhearviointeja. Sädekehäilmiön vastakohta on stigmailmiö, jossa vastaavasti ehdokkaaseen, josta ei syystä tai toisesta pidetä, liitetään automaattisesti muitakin negatiivisia piirteitä.

2.3 Ryhmäkäyttäytyminen

Sosiaalipsykologiassa tutkitaan paljon ihmisten tapaa käyttäytyä ryhmässä ja

70

ryhmän vaikutusta yksilöön. On havaittu, että ryhmät vaikuttavat yksilöiden toimintaan, uskomuksiin, mielipiteisiin ja asenteisiin. Ryhmissä jäsenet hakevat sosiaalista hyväksyntää muilta jäseniltä ja samanmieliset ihmiset vahvistavat toistensa näkökulmia. Ranskalaiset psykologit, Serge Moscovic ja Marisa Zavallon, tekivät kyselytutkimuksen mielipiteistä ja asenteista. Tutkimuksessa havaittiin, että ne ryhmät, joilla oli alustava yksimielisyys asiasta, muuttuivat äärimmäisemmiksi mielipiteissään. Konsensus näytti aiheuttavan asenteiden muutosta äärimmäisemmäksi, lisäksi uskomus vahvistui epävarmojen mielipiteiden kohdalla.

On selvää, että muut ihmiset vaikuttavat henkilön käyttäytymiseen. Henkilöllä on taipumusta ajatella, että jos muutkin ihmiset ajattelevat jollakin tietyllä tavalla, niin sen täytyy olla oikein. Tässä on kyse sosiaalisen todistelun periaatteesta, eli oppiaksemme, mikä on oikein, katsomme, mitä muut ihmiset tekevät. Ja kun muutkin tekevät niin, niin se tarkoittaa henkilön mielessä sitä, että sen täytyy olla oikein. Robert Cialdinin mukaan sosiaalinen todiste on oikotie siihen, miten toimia. Käytämme muiden päätöksiä mentaalisena oikopolkuna navigoidaksemme elämäämme. Henkilön uskomukset myös vahvistuvat, kun hän on lähellä ihmisiä, joilla on samanlaiset näkemykset kuin hänellä. Ryhmät vaikuttavat henkilöön: myös hänen ollessaan yksin henkilö jopa äänestää usein vallitsevan mielipiteen mukaisesti.

Tutkimukset osoittavat, että emme hallitse niin paljon ajatuksiamme ja käyttäytymistämme kuin luulemme. Otamme vihjeitä ympäristöstämme, erityisesti muilta ihmisiltä, siitä, kuinka toimia.

Ryhmät vaikuttavat henkilöihin, koska ihmiset ovat sosiaalisia. Ryhmissä ihmiset ovat vahvempia ja selviävät todennäköisemmin hengissä. Myös ryhmään mukautuva käyttäytyminen sekä ryhmän käyttäytymisen kopioiminen edistää sosiaalista harmoniaa.

Sosiaalinen paine

Ryhmissä esiintyvän sosiaalisen paineen on todettu vaikuttavan merkittävästi ihmisten äänestyspäätökseen. Tämä sosiaalinen paine tulee monista eri lähteistä, erityisesti vanhemmilta, ystäviltä, romanttisilta kumppaneilta sekä työkavereilta. On myös havaittu, että jos henkilö kuuluu johonkin tiettyyn sosiaaliseen ryhmään (esimerkiksi rotunsa, sukupuolensa, seksuaalisen suuntautumisensa, ikänsä tms. puolesta) ja jos hän samaistuu erityisen vahvasti ryhmäänsä, hänelle kehittyy niin sanottu ryhmätietoisuus, joka näyttää lisäävän äänestysaktiivisuutta. Ihmiset, jotka kokevat, että heidän elämänsä on luontaisesti sidoksissa sosiaalisen ryhmänsä jäseniin (erityisesti jos kyseinen ryhmä on epäedullisessa asemassa), äänestävät ryhmänsä edun mukaisesti.

Sosiaalinen ympäristömme ja erilaiset tapahtumat vaikuttavat myös epäsuorasti äänestyskäyttäytymiseen. Uhkaavat tapahtumat: talous- ja energiakriisit sekä luonnonkatastrofit vaikuttavat suoraan äänestäjien päätöksiin. Nämä uhkaavat tapahtumat johtavat myös usein voimakkaisiin tunnereaktioihin, kuten pelkoon. Pelkäävä ihminen ei kykene rationaaliseen ajatteluun, ja hänellä on myös taipumus äänestää ehdokkaita, joiden hän kokee parhaiten suojelevan äänestäjiä tulevilta katastrofeilta. Pelko onkin yksi yleisesti käytetty tapa saada äänestäjien mielipide muuttumaan vaalien aikana. Jotkut tutkimukset osoittavat, että pelko ja sen luominen saattaakin olla tehokkain tapa kasvattaa äänestäjäkuntaa. Pelko on myös johtanut siihen, että ihmiset eivät uskalla sanoa, ketä tai mitä puoluetta äänestävät, koska osa heistä pelkää, että heistä ajatellaan jotakin negatiivista. Moni pelkää myös leimaantumista tiettyyn ryhmään.

Ryhmäpaine ja "voittajan vankkurit" - ilmiö

"Voittajan vankkurit" -ilmiö (käsitelty myös kohdassa gallupit ohjailevat) on psykologinen ilmiö (englanniksi *bandwagon effect*), jossa ihmiset haluavat olla voittajan puolella. Tässä ilmiössä äänestäjät siirtyvät todennäköisesti voittajan puolelle, koska he kokevat, että häviäjälle annettu ääni menee hukkaan. Ja heitä, jotka ovat eri mieltä valtavirran kanssa, helposti painostetaan.

Heidän mielipiteitään pidetään epäsuosittuina, virheellisinä ja jopa merkityksettöminä. Tässä on kyse ryhmäpaineesta, jonka tarkoituksena on saada henkilön käyttäytyminen, ajattelu ja arvomaailma vastaamaan ryhmän odotuksia. Ryhmäpaineen alla vallitsee ajattelumuoto, että "kaikki muutkin tekevät (äänestävät) niin". Bandwagon effect -ilmiötä ei kuitenkaan ole kyetty takuuvarmasti osoittamaan. Eli kyseinen ilmiö ei välttämättä toimi joka tilanteessa.

"Underdog"-ilmiö

Toisin kuin "voittajan vankkurit" -ilmiössä, jossa ihmiset ovat voittajan puolella, *underdog-ilmiössä* (mainittu jo aikaisemmin kohdassa galluppit ohjailevat) henkilöillä on taipumus tukea ehdokasta, jonka odotetaan häviävän vaalit. Underdog-ilmiössä yleinen mielipide toimii itseään vastaan tai jopa heikentää itseään. Tutkimuksissa on käynyt ilmi, että mitä pienempi mahdollisuus henkilöllä on voittaa vaalit, sitä enemmän meillä on taipumusta luoda sekä henkilökohtaista että emotionaalista yhteyttä häviäjän ponnisteluihin, aivan kuin olisimme taistelemassa taistelua häviäjän kanssa.

75

Psykologien mukaan pidämme häviäjistä, koska meillä on taipumus nähdä itsemme sellaisina. Altavastaajana oleminen symboloi meitä. Kun emme enää näe itseämme häviäjänä, vaihdamme luultavasti voittajan vankkureihin.

Lisäksi underdog-ilmiössä meille annetaan mahdollisuus puuttua oletettuun vääryyteen ja epäoikeudenmukaisuuteen. Jos havaitsemme, että yhtä ehdokasta on kohdeltu epäoikeudenmukaisesti ja kaltoin, meillä on taipumus siirtyä puolustamaan häntä ja tasoittamaan epäoikeudenmukaisuutta.

Psykologien mukaan koemme ja tunnemme empatiaa epäreilun kohtelun kohteeksi joutuneelle.

"Sopulit" ja laumasielut

Kööpenhaminan ja Oslon yliopistossa tehtiin tutkimus ihmisten käyttäytymisestä Twitterissä. Tutkimuksessa analysoitiin Twitter-käyttäjien julkaistua dataa ja siihen liittyviä vallitsevia käyttäytymismuotoja. Tutkimuksen mukaan ihmiset seurasivat laumaa sopulin tavoin, lauman mukana mentiin ja laumassa vaikutettiin toinen toi-

siinsa. Kiinnostuksen kohde tiettyyn asiaan
syttyi ja sammui nopeasti, kunnes tuli taas
uusi kiinnostava kohde, johon aktivoiduttiin uudestaan. Erilaisia trendejä seurattiin
irrationaalisesti. Ihmiset halusivat olla kuten muutkin, ja he halusivat näyttää olevansa kiinnostuneita samoista asioista. Äänestäjät kulkevat todennäköisesti myös
lauman mukana.

Itse asiassa maailma on täynnä lauman perässä kulkevia ihmisiä, joilla saattaa olla
rohkeutta omiin mielipiteisiin, muttei uskallusta seisoa niiden takana. Sen sijaan
tämä äänestäjäryhmä menee äänestämään
lauman mukana koetun enemmistövetoisen ja/tai äänekkäimmän mielipidekampanjoinnin innoittamana. Laumassa seurataan usein yhtä vahvaa johtajaa, ja lauman
muut jäsenet huomaavat, että selviytyäkseen on eduksi mennä lauman
mukana. Sosiaalisen selviytymismekanismin avulla toteutetaan myös omaa, mutta
yleensä ryhmän etua. Henkilö on siis
erittäin altis muiden mielipiteille, ja tämän
lisäksi vertaispaine vaikuttaa henkilön
äänestyskäyttäytymiseen.

Tutkimusten mukaan äänestäjille on turvallisinta tehdä samoin kuin muutkin hänen laumassaan ja seurata auktoriteetin ja/tai asiantuntijan esimerkkiä.

Joukkopsykologia

Tutkimuksissa on havaittu, että jos 10 % ihmisistä uskoo vankkumattomasti asiaansa, se riittää syrjäyttämään aikaisemman enemmistön oikeana pitämän mielipiteen. Ihmisillä sekoittuu järki ja tunteet joukkopsykologian vähemmistövaikutuksesta.

Yksimielisyysvinouma

Ryhmäkäyttäytymisessä yksimielisyysvinouma on usein vahvasti läsnä. Yksimielisyysharha johtaa virheelliseen käsitykseen vallitsevasta konsensuksesta. Tämä johtaa vastaavasti virhearviointeihin. Tyypillisiä piirteitä on se, että ryhmässä etsitään vain ryhmän omaa kantaa tukevaa tietoa, ja muita näkökantoja ei huomioida. Toisten ryhmien jäseniin suhtaudutaan asenteellisesti ja ennakkoluuloisesti (katso myös vahvistusvinouma sekä puolueellisuusharha). Joskus myös oman ryhmän jäseniin suhtaudutaan epäilevästi, ja ryhmään voi pahimmillaan syntyä mielipidevartijoita, jotka määrittelevät, mikä on oikeaa tietoa ja mikä ei. Kaikki poikkeava tieto sitten sensuroidaan ja ryhmän kriittiset äänet hiljennetään. Valitettavan usein ne ryhmäläiset, joilla on vähiten tietoa asiasta, ovat eniten äänessä (ks. Ylivertaisuusvinouma).

Kognitiivinen ylikuorma

Psykologit ovat havainneet, että ihmisillä on taipumus uskoa siihen, mitä heille kerrotaan. Tämän lisäksi ihmiset myös uskovat helpommin valheelliseen tai väärään tietoon, koska siihen uskominen vie vähemmän aivokapasiteettia. Tietojen kyseenalaistaminen tai niiden hylkääminen on paljon haastavampaa kuin olla uskomatta tarjolla olevaa tietoa. Erityisesti jos aihe ei ole äänestäjälle tärkeä tai hänellä ei ole ollut aikaa perehtyä siihen, hän tulee todennäköisesti harhaan johdetuksi. Tämän lisäksi aivomme voivat käsitellä vain tietyn määrän uutisia. Tietotulva, joka puolelta tulevat uutiset, jatkuvat lupaukset sekä kiistanalaiset väitteet kuormittavat aivoja henkisesti niin paljon, että ne antavat periksi. Äänestäjillä aivojen kognitiiviset voimavarat helposti ylikuormittuvat misinformaation ja disinformaation viidakossa, joten ne jossain vaiheessa pysähtyvät ja luovuttavat. Jos aivot tähän pisteeseen joutuvat, oletus on se, että kaikki mitä henkilö kuulee, on totta. Ja vaikka äänestäjä epäilisi vaalilupausten tai väitteiden todenmukaisuutta, hän todennäköisesti kiinnittää huomiota valheen etsimisen sijasta siihen, tukevatko lupaukset ja väitteet hänen omia uskomuksiaan ja tarpeitaan.

Ryhmäkäyttäytymisessä henkilöt ovat ryhmäajattelun ja ryhmäpaineen mädättämiä. Sisäryhmän paine konsensukseen, sopuun sekä yksimielisyyteen luo vinoumia. Ihmiset eivät uskalla kertoa olevansa eri mieltä. On paljon helpompi olla samaa mieltä porukassa kuin eri mieltä. Tunnusomaista ryhmäajattelulle on myös se, että ryhmässä olevat ihmiset uskovat olevansa järkeviä ja tekevänsä oikeita ratkaisuja ja älykkäitä päätöksiä ilman, että he kyseenalaistavat tätä. Illuusio oikeista ratkaisuista ja älykkäistä päätöksistä sokeuttaa ryhmässä olijat, eivätkä he edes ota huomioon mahdollisuutta tutkia vaihtoehtoisia ratkaisuja eivätkä päätöksiin sisältyviä riskejä.

2.3 Valintapäätökseen vaikuttavat tekijät

Valitsemme käyttäytymisemme niin, että voimme tyydyttää meidän tyydyttämättömät tarpeemme.

Rationaalisen valinnan teoria (tunnetaan myös taloustieteellinen politiikan teoriana)

Rationaalisen valinnan teorian perusidea on se, että ihmisten oletetaan toimivan järkevästi. Teoria jaetaan yleensä päätösteoriaan ja peliteoriaan. Päätösteoriassa tarkastellaan yksittäisen henkilön päätöksentekoa, kun taas peliteoriassa yksittäisen henkilön valintojen seuraukset riippuvat myös muiden valinnoista. Kun kansantaloustiedettä sovelletaan politiikan tutkimukseen, niin sitä kutsutaan myös julkisen valinnan teoriaksi tai sosiaalisen valinnan teoriaksi. Julkisen valinnan teoriassa lähdetään siitä oletuksesta, että yksilöt tavoittelevat vain omaa etuaan toimiessaan

politiikassa, kun taas sosiaalisen valinnan
teoriassa ei niinkään keskitytä ihmisten
oman edun ajamiseen, vaan valintoihin ja
siihen, kuinka johdonmukaisia ne ovat.
Sosiaalisen ja taloudellisen käyttäytymisen
mallintamisessa on havaittu, että ihmiset
valitsevat vaihtoehdon, joka maksimoi
heidän etujaan ja tarjoaa heille suurimman
hyödyn ja voiton. Ihmiset tekevät
ensisijaisesti valintoja, jotka edistävät
heidän omia etujaan. Luonnollisesti
henkilö äänestää ehdokasta, joka ajaa
henkilön omia etuja, usein riippumatta
siitä, voidaanko vaalilupauksia toteuttaa.
Juuri valintojen johdonmukaisuudella on
merkittävä rooli rationaalisen valinnan
teoriassa. Henkilö valitsee joko parhaaksi
katsomansa ehdokkaan (täydellinen
rationaalisuuden teoria) tai riittävän hyvän
ehdokkaan (epätäydellinen rationaalisuu-
den teoria). Äänestäjän päätös on
rationaalinen, jos hänen äänestyskäyttäyty-
misensä on perustunut joko aikomuksen ja
käyttäytymisen johdonmukaisuuteen tai
arviointiin ehdokkaiden kyvyistä. Välillä
omaa etua tavoittelevalle äänestäjälle ää-
nestämisestä aiheutuvat kustannukset ylit-
tävät yleensä odotettavissa olevat hyödyt,

ja tätä Down kutsuu äänestäjän paradoksiksi.

Äänestämisen kuluttajamalli ja valenssiäänestysmalli

Himmelweit ja hänen kollegansa (1985) esittivät tutkimuksensa pohjalta niin sanotun "äänestäjän kuluttajamallin". Hypoteesina oli se, että äänestämisessä pätevät samat periaatteet kuin kulutustavaroiden ostamisessa eli äänestäjä etsii parhaan mahdollisen puolueen ja ehdokkaan tai ainakin vähiten epäsopivan. Päätöstä tehtäessä keskeistä on se, millaisia uskomuksia äänestäjällä on puolueiden politiikasta tietyissä kysymyksissä. Esimerkiksi, jos henkilö kannattaa hoitajamitoituksen nostamista, hänen on tiedettävä, mikä puolue todennäköisemmin toteuttaa tällaista politiikkaa. Äänestämisen kuluttajamallissa myös asenteet puolueita kohtaan vaikuttivat äänestämiseen, eli mitä lähempänä äänestäjän asenteet olivat puolueen asenteita kohtaan, sitä varmemmin he antoivat äänensä puolueelle. Näiden lisäksi myös äänestyshistoria vaikutti äänestyspäätökseen. Asenteellinen sopivuus oli voimakkain tekijä, sen jälkeen asenteellinen muutos ja viimeisenä äänestyshistoria. Kuluttajamallin mukaan poliittiset asenteet ovat tärkein tekijä, kun halutaan ymmärtää, miten ihmiset äänestävät. Nykyisin poliittisten puolueiden jäsenyys on vähentynyt, ja myös liikkuvia äänestäjiä on enemmän liikkeellä. Ja näitä tekijöitä kuluttajamalli ei välttämättä ota huomioon. Nykyisin on huomattu, että vaalit ratkaisee se, miten äänestäjät arvioivat johtajien pätevyyttä monissa poliittisissa kysymyksissä. Osaamista vaaditaan ja näyttöä osaamisesta. Yksi tärkeä tekijä on johtajuus, pätevyys sekä reagointikyky. Johtajan imago on itsessään tärkeä vaalitekijä. Nykyisin myös äänestäjäkunta suhtautuu löysemmin poliittisiin sidonnaisuuksiin sekä puolueidentiteetteihin. Kuluttajamallin mukaan poliittiset asenteet ovat tärkein tekijä ymmärrettäessä, miten ihmiset äänestävät.

Valenssiäänestysmallin mukaan äänestäjät ovat ensisijaisesti kiinnostuneita siitä, mitä he kutsuvat valenssiksi, eli poliitikkojen kyvystä toimia niillä politiikan aloilla, jotka ovat ihmisille tarkeimpiä ja joista he välittävät eniten. Brittiläisen vaalitutkimuksen tietojen perusteella (2001) kaksi parasta ennustetta puolueen äänestämiselle olivat johtajan arviointi ja puoluekannatus. Clarke ym. Kumpp. (2004) mukaan äänestäjät käyttävät ajankohtaista tietoa johtajista ja puolueiden suorituskyvystä, ja tämän ajankohtaisen tiedon kautta tekevät arvion valenssista ja siitä, miten äänestävät. Valenssimallissa poliittisen puolueen kanta suhteessa äänestäjien asenteisiin ei yksistään riitä, vaan äänestäjiin vaikuttavat myös arviot siitä, pystyvätkö poliitikot toimimaan niillä politiikan aloilla, jotka ovat äänestäjälle kaikkein tärkeimpiä.

"Priming", pohjustaminen

On havaittu, että henkilö tietoisesti valitsee myönteisen ja paremmalta näyttävän ja tuntuvan asian. Jos pohjustaminen on ollut riittävän tehokasta, ihmisillä on positiivisia ennakkoluuloja asiasta. Frederic Brochet teki tutkimuksen, jossa oli mukana 50 osallistuvaa viininvalmistusalan opiskelijaa. Hän pyysi opiskelijoita arvioimaan kaksi pulloa punaviiniä kertoen, että yksi oli kallis ja yksi oli halpa. Todellisuudessa molemmat pullot oli täytetty samalla halvalla viinillä. Opiskelijat kuvasivat, kalliiksi luulemaansa viiniä "sävykkääksi" ja "pyöreäksi", kun taas halpa viini kuvailtiin "huonoksi" ja "laimeaksi". Sama ilmiö havaittiin hollantilaisessa tutkimuksessa, jossa osallistujille kerrottiin, että he katselivat sekä teräväpiirtokuvaa että standardikuvaa, vaikka molemmissa tapauksissa kyseessä oli standardikuva, mutta osallistujat kokivat, että teräväpiirtokuva oli parempi kuin vakiokuva. Äänestäjät valitsevat todennäköisemmin sen ehdokkaan, joka on tehnyt parhaimman pohjustuksen ja onnistunut luomaan itsestään myönteisen ja mielikuvan. Kyseinen ehdokas koetaan voittopuolisesti positiivisena.

Samaistuminen

Samaistumisessa henkilön ego pyrkii mukautumaan ja toimimaan toisen egon tavalla. Ehdokkaat mainostavat itseään pitäen itseään etualalla ja toivovat, että mahdollisimman moni samaistuisi heihin. He myös tarjoavat vaalilupauksiaan ratkaisuna mahdollisimman laajalle yleisölle. Näin luodaan illuusio henkilöstä sekä lupauksista, joihin mahdollisimman moni äänestäjä samaistuu. Suuri osa ihmisistä äänestää myös todennäköisemmin henkilöä, johon he samaistuvat ja jonka kanssa he tuntevat yhteenkuuluvuutta. Äänestäjä usein projisoi omaa käyttäytymistään samankaltaisiin ihmisiin tai sellaisiin ehdokkaisiin, joiden kaltainen äänestäjä luulee olevansa. Äänestäjät arvioivat ehdokkaiden ja itsensä samankaltaisuutta mieltymysten, tavoitteiden sekä viestintätyylien osalta. Poliittiset ideologiat liittyvät vahvasti ihmisten arvoihin, ja äänestyskäyttäytymistä käytetään keinona jakaa näitä arvoja muiden samankaltaisten kanssa.

Kontrasti

Ehdokkaat hyödyntävät vastakohtia sekä ääripäitä mielikuvien rakentamisessa sekä muovaamisessa. "Äänestäkää meitä. Meidän puolueemme ei nosta veroja, toisin kuin noiden puolue". On tutkittu, että parempi vaihtoehto saa huonommankin tuntumaan paremmalta kuin se todellisuudessa onkaan, jos kahden vaihtoehdon välillä on riittävän suuri kontrasti. Ehdokkaan kannattaa siis tehdä mahdollisimman monta vaalilupausta, jotta vaalien jälkeen voi antaa äänestäjälleen sellaisen kuvan, että edes osa vaalilupauksista toteutuisi.

Kontrastiperiaate on tehokas mielikuvien muokkaamiseen, sen kautta ehdokas voi liioitella tai vähätellä vaalilupaustensa hyötyjä ja haittoja. Äänestäjän kannalta suotuisa kontrasti (verot alas, ei kannata äänestää...) voi saada toisen puolueen tuntumaan äänestäjän kannalta paremmalta sekä järkevämmältä vaihtoehdolta.

Auktoriteetti, asiantuntija ja virhepäätelmät

Äänestäjät antavat enemmän painoarvoa niille ehdokkaille, joiden asema tai auktoriteetti ovat korkeammalla. Täysin sama asia kahden eri asemassa olevan ehdokkaan välillä voi äänestäjistä kuulostaa hyvin erilaiselta. Vaikka kaksi ehdokasta sanoisi aivan saman sanoman, niin ehdokkaan kommentti, jolla on enemmän auktoriteettia, saa enemmän painoarvoa kuin ehdokkaan, joka on alemmalla tasolla. Kun uunituore ehdokas väittää *"blaa blaa blaa"* ja vastaavasti pitkän uran kansanedustaja väittää samaa *"blaa blaa blaa"*, niin ihmisillä on taipumus uskoa viimeiseksi mainittua. Kokemus ja osaaminen ovat keskeisessä osassa. Ensi kertaa ehdolla olevan kannattaakin referoida vaalilupauksissaan johonkin korkeampaa auktoriteettiin esimerkiksi tyyliin *"verot tulee saada alas ja tätä tukee myös kuuluisa talous-nero henkilö x"*. Ehdokkaat myös pyrkivät saamaan näkyvyyttä profiloituen varteenotettavaksi ehdokkaaksi ja käyttäen referoinnissaan kokeneempia auktoriteetti-asemaan päässeitä ehdokkaita, kansanedustajia ja jopa ministereitä luodakseen mielikuvaa pätevämmästä itsestä.

Asiantuntija-aseman saavutettua se toimii vipuvartena ja sen vaikutus säteilee myös muihin aihealueisiin. Mielikuva (vaikkakin vain tietyn aiheen) asiantuntijasta leviää laajemmalle myös muihin aihepiireisiin, jotka eivät edes liity kyseisen asiantuntijan omaan ydinosaamiseen. Mutta kun lausunto tulee "asiantuntijalta", tämä mielikuva tuottaa vastaanottavassa äänestäjässä virhepäätelmän.

Tämä sama pätee brändeihin. Puolueet brändäävät itseään tietynlaisiksi, ja median rooli on vahvasti läsnä. Media nostaa yleensä vain tiettyjä puolueita ja laskee tiettyjä. Kun puolue saavuttaa tietynlaisen aseman tai vaikutelman (esimerkiksi "talouspuolue", "luonnonsuojelija"), tämä mielikuva ohjailee ihmisiä äänestämään tiettyyn suuntaan.

Johdonmukaisuus

Äänestäjillä on taipumus äänestää aina samalla tavalla. Tässä on usein kyse totutusta tavasta. Tuttu totuttu tapa tuo äänestäjälle turvallisuuden tunnetta, johdonmukaisuutta sekä jonkinlaista jatkuvuutta. Vanhat tottumukset istuvat vahvasti. *"Suvussamme on aina äänestetty puoluetta x ja en aio tätä perinnettä muuttaa."*

2.5. Äänestäjien lyhyt muisti

Ihmisen muisti on hauras, subjektiivinen, valikoiva, erehtyväinen ja mahdollisesti väärä. Muistilla on taipumus sekoittaa tiedonlähteitä, ja se on täynnä ennakkoluuloja ja stereotypioita. Tämä johtuu siitä, että emme pysty palauttamaan asioita "objektiivisena" eli sellaisena kuin ne todella ovat. Stereotypiat voivat luoda illusorisen korrelaation, jossa kahden eri asian välillä luodaan yhteys, vaikka todellisuudessa sellaista yhteyttä ei ole olemassa. Muisti ei ainoastaan ole puolueellinen, vaan se myös muuttuu ja mukautuu ajan myötä.

Lukuisat tutkimukset ovat osoittaneet, että muisti muuttuu ajan mittaan. Positiiviset asiat korostuvat menneitä muistellessa. Myös äänestäjät muistavat ajan mittaan paremmin kaikki ne positiiviset asiat, joita hänen äänestämänsä puolue tai ehdokas on saanut aikaan. Kun aikaansaannoksia muistellaan uudestaan ja uudestaan, niin versioista putoaa yksityiskohta ja niitä lisätään uusilla yksityiskohdilla. Tarkkuus aikaansaannoksista heikkenee, ainoastaan positiivinen mielikuva jää jäljelle. Yksityiskohdat haalistuvat, mutta mielikuvat jäävät elämään.

Vaalien alla äänestäjät poimivat tietoja ehdokkaista ja näiden tietojen kautta luovat ehdokkaasta mielikuvan. Aika usein äänestäjällä voi olla ennakkokäsitteellinen asenne tiettyjä ehdokkaita kohtaan, erityisesti jos ehdokas/ehdokkaat edusta-vat jotakin sellaista puoluetta tai ajavat jotain sellaista asiaa, joka poikkeaa äänestäjän omista mieltymyksistä. Tunne-muisti myös vaikuttaa suhtautumiseen: sen kautta aiemmin kohdatut asiat voivat henkilössä saada aikaan tunnepitoisen reaktion, jossa henkilö voi kokea joko pelkoa, onnea tai inhoa. Valitettavasti nämä tunteet muuttuvat tunnemuistissa yhä negatiivisemmaksi ehdokasta kohtaan. Vaikka ehdokas tarjoaisi neutraaleja tai positiivisia ratkaisuja ennakkoasenteelliselle äänestäjälle, niin äänestyskopissa äänestäjä on jo mahdollisesti unohtanut ehdokkaan tarjoamat ratkaisut. Äänestäjän aikaisemmat ennakkoasenteet ja niistä luodut mielikuvat painavat äänestysprosessissa enemmän ja vaikuttavat hänen ehdokasvalintoihinsa. Aika usein keskivertoäänestäjä ei muista ehdokkaita koskevia tosiasioita, vaan lähinnä muistaa sen, minkälaisen tunnereaktion henkilö aiheuttaa.

Muisti koodaa asioita. Kun äänestäjä saa tietoa ehdokkaista, hän alkaa päässään luokitella heitä erilaisiin kategorioihin esimerkiksi "poliittisilta näkemyksiltä joko samankaltainen tai erilainen kuin minä". Äänestyshetkellä nämä implisiittisesti opitut luokat aktivoituvat yleensä ilman alkuperäisen luokittelun perustaa. Äänestäjä oletettavasti äänestää ehdokkaita, joilla oli suositeltavia kannanottoja tai jotka hänen päässään kuuluivat samaan kategoriaan, vaikka ei muistakaan tarkalleen, mitä ne olivat. Aika usein keskivertoäänestäjä ei muista ehdokkaita koskevia yksityiskohtia, vaan lähinnä muistaa sen, mihin kategoriaan ehdokas kuuluu.

Äänestäjän kyky käsitellä useita samanaikaisista kohteista saatavaa tietoja on kapasiteetiltaan rajallinen, eikä hän yksinkertaisesti pysty valitsemaan kaikkea yksityiskohtaisemman tiedonkäsittelyn kohteeksi. Äänestäjä voi kerrallaan valita vain tietyn ehdokkaan tietyn vaalilupauksen huomion kohteeksi, ja muut jäävät enemmän tai vähemmän huomioimatta. Äänestäjän on myös ihan mahdotonta muistaa kaikkia vaalilupauksiaan. Ja edustajat luottavat tähän. Äänestäjien äänestyssuoritusta arvioitaessa havaittiin, että he menestyivät suhteellisen huonosti valitessaan ehdokkaita näiden ajamien asioiden perusteella. Ehdokkaiden mieltymykset eivät perustu yksityiskohtaisiin vaalilupauksiin, vaan äänestäjä enemminkin muistaa ehdokkaasta kokonaisarvion, jotka ovat tallentuneet muistiin koko vaalikampanjan ajan.

Poliittinen muisti on lyhytkestoista muistia. Tämä tarkoittaa sitä, että aivot mahdollistavat vain rajoitetun määrän materiaalin säilyttämisen ajaksi. Politiikka ei myöskään tarjoa tavalliselle äänestäjälle kokemuksia lukuun ottamatta äänestämistä, ja muisti koostuu kokemuksien kirjaamisesta. Tutkimusten mukaan ihmisen poliittinen muisti kestää muutamasta viikosta noin puoleen vuoteen.

OSA III

Edustuksellinen demokratia vs. suora demokratia

"Suorassa demokratiassa kansa pitää eliitin varpaillaan."

3. Edustuksellinen demokratia vs. suora demokratia

	Edustuksellinen demokratia	Suora demokratia
Päätöksentekovalta	Edustajilla	Kansalla
Kansanäänestykset	Ei sitovia, yleensä vain neuvoa-antavia	Sitovia
Kansalaisaloitteet	Eduskunta äänestää aloitteen puolesta	Kansa äänestää aloitteen puolesta
Kiinnostuminen politiikkaa kohti	Passiivista	Aktiivista
Eliitti	Eliitti erkanee kansasta	Kansa pitää eliitin kurissa
Epäedulliset päätökset	Kansa joutuu elämään päättäjien epäedullisten päätösten kanssa	Kansa voi torpata päättäjien epäedulliset päätökset
Demokratia	Näennäistä	Aitoa

Edustuksellisessa demokratiassa päätöksentekovalta on edustajilla, kun vastaavasti suorassa demokratiassa päätöksentekovalta on kansalla. Suorassa demokratiassa henkilö äänestää asian puolesta tai vastaan, kun taas edustuksellisessa demokratiassa henkilö äänestää edustajaa, joka sitten äänestää yleensä puolueen ryhmäkurin mukaan. Kyseinen edustaja on saattanut olla asiaa vastaan vaalilupauksissaan, mutta äänestääkin asian puolesta.

Edustuksellisessa demokratiassa äänestäjät valitsevat edustajia, joilla on sitten valtuudet tehdä päätöksiä heidän puolestaan. Valittu edustaja ei ole millään lailla velvollinen noudattamaan äänestäjiensä tahtoa, vaan hän tekee itse päätöksensä. Tai ainakin niin kauan kuin hänen päätöksensä on ryhmäkurin mukaisia. Yksittäisen edustajan maailman muuttaminen tyssää juuri ryhmäkuriin. Tämän lisäksi edustuksellisessa demokratiassa puolueet tekevät päätöksiä keskinäisten sopimusten mukaisesti, ja yleensä nämä keskinäiset sopimukset johtavat huonoihin kompromisseihin. Suorassa demokratiassa ei tunneta sanaa ryhmäkuri, vaan päätöksentekovalta on suoraan kansalla: he pystyvät vaikuttamaan suoraan niin lainsäädäntöön kuin päätöstenkin tekemiseen.

Kansanäänestykset edustuksellisessa demokratiassa ovat yleensä neuvoa-antavia eivätkä sitovia, toisin kuin suorassa demokratiassa, joissa ne ovat aina sitovia. Kansalaisaloitteistakaan ei kansa pääse edustuksellisessa demokratiassa äänestämään, vaan äänestyksen tekee eduskunta, jos se edes eduskunnan käsittelyyn tulee äänestettäväksi. Usein kansalaisaloitteet jäävät valiokuntiin eivätkä edes päädy eduskunnan äänestettäväksi. Suorassa demokratiassa kansa äänestää suoraan kansalaisaloitteen puolesta.

Edustuksellinen demokratia myös passivoi kansalaisia. Politiikka tuntuu etäiseltä, ja ainoa vaikuttamisväylä on ehdokkaan äänestäminen. Ja tämäkin vaikuttamisväylä tuntuu aika turhauttavalta, koska äänestäjä ei voi koskaan olla varma, kuinka nopeasti ehdokkaan takki kääntyy, kun hän pääsee päättämään asioista. Suora demokratia puolestaan aktivoi kansalaisia ja on osallistavampaa. Kun kansa tietää, että he pystyvät oikeasti vaikuttamaan asioihin, kiinnostus asioita kohtaan myös kasvaa. Äänestyksiä edeltää aina keskustelu, tiedonjakelu ja näkökannat useammilta, myös vastakkaisilta tahoilta. Suorassa demokratiassa kansalaiset kiinnostuvat politiikassa ja ottavat asioista selvää, koska tietävät voivansa aidosti vaikuttaa. Edustuksellinen demokratia vastaavasti on näennäistä demokratiaa. Kansalaiset eivät pysty suoraan eikä aidosti vaikuttamaan asioihin eikä päätöksien tekemiseen.

Edustuksellisessa demokratiassa eliitti erkanee kansasta. Kansalaiset joutuvat elämään päättäjien huonojen päätösten kanssa, kun taas vastaavasti suorassa demokratiassa kansa pitää eliitin varpaillaan, koska kansa pystyy torppaamaan epäedulliset ja huonot päätökset.

Edustuksellisen demokratian puolesta puhujat yleensä puolustelevat edustuksellista demokratiaa sillä, että kansa ei tiedä. No, kun tätä nykymenoa katselee, niin ei ne päättäjätkään näytä tietävän. Muutenkin koko argumentti "kansa ei tiedä" on koko lailla aika paradoksaalinen. Puolesta puhujien mukaan kansa ei voi äänestää, koska he eivät tiedä, mutta tietävät kuitenkin äänestää päteviä ehdokkaita valtaan.

Edustuksellisessa demokratiassa on myös muita fundamentaalisia ongelmia. Vaalikaudet kestävät neljä vuotta, ja mitä lähempänä vaalikauden loppua mennään, sitä vähemmän kansanedustajat haluavat käsitellä sellaisia poliittisia kysymyksiä, jotka mahdollisesti laskevat heidän kannatustaan tai heidän puolueensa kannatusta tai heikentävät heidän vaalimenestystään seuraavissa vaaleissa. Erityisesti vaalien alla epäsuosittujen päätösten tekemistä vältetään tai sysätään päätöksenteko seuraavalle hallitukselle. Myös aloitteet ja projektit jäävät usein kesken, tai ne pusketaan hirveällä kiireellä läpi ennen seuraavaa vaalikautta. Jokainen ymmärtää, että aivan liian lyhyellä valmistelulla ja tai kiireellä tehdystä harvoin seuraa mitään hyvää. Ja tämä taas johtaa kansalaisten kannalta epäedullisiin ratkaisuihin.

Tosin ei suora demokratiakaan ole täydellistä demokratiaa, ongelmana on usein alhainen äänestysaktiivisuus sekä mahdollisuus perehtyä jokaiseen asiaan juurta jaksaen. Niin kuin edustuksellinen demokratia, niin myös suora demokratia vaatii mahdollisimman puolueettoman lehdistön. Median vaikutusta kansalaisten äänestyskäyttäytymiseen olenkin jo kuvannut kappaleessa "1.2. manipuloiva media".

Ottaen huomioon edustuksellisen demokratian ongelmat ja yllä olevan taulukon, niin voi perusteellisesti todeta, että edustuksellinen demokratia ei palvele kansalaisten vaikutusmahdollisuuksia. Demokratian muotona edustuksellinen demokratia on näennäistä ja tullut tiensä päähän. Valta ei myöskään edustuksellisessa demokratiassa muutu, vaikka kasvot vaihtuvat. Edustuksellinen demokratia ei toimi kansan parhaaksi.

OSA IV

Vaalien jälkeinen trauma-peräinen stressioire *(Epävirallinen termi)*

4. Vaalien jälkeinen traumaperäinen stressioire

Kun vaalit ovat ohi, osa juhlii vaalivoittoaan, kun taas toiset työstävät vaalitappiotaan. Demokraattisissa vaaleissa aina joku voittaa ja joku häviää, eikä sellaista vaalitulosta, joka miellyttäisi kaikkia, tulla koskaan saamaan.

Viime vuosina ja erityisesti vuoden 2016 presidentin vaalien jälkeen Yhdysvalloissa ihmisillä havaittiin keskimääräistä enemmän stressiä, ahdistusta ja jopa kliinistä masennusta. Eniten stressiä kokivat henkilöt, jotka kuuluivat yhteisöihin ja kannattivat puolueita, jotka yleisesti ottaen vastustavat hallituksen toteuttamaa politiikkaa.

Tälle ilmiölle keksittiin epävirallinen nimikin: vaalien jälkeinen traumaperäinen stressihäiriö (post election stress syndrome). Puhuttiin myös sellaisista ilmiöistä kuin "Trump Anxiety Disorder" ja "Trump derangement syndrome". Tässä kappaleessa käsitellään asiaa traumaperäisen stressihäiriön kautta.

Traumaattiset kokemukset voivat laukaista traumaperäisen stressihäiriön. Traumaperäinen oireyhtymä voi tulla kenelle tahansa, mutta usein henkilöllä on taustalla aikaisempia traumaattisia kokemuksia. Traumaattiset tapahtumat vaikuttavat väestöön epätasa-arvoisesti, ja lisäksi yksilölliset reagointitavat jakautuvat epätasaisesti eri ihmisryhmille.

Aikaisempien tutkimusten mukaan ihmisillä, joilla on enemmän aktiviteettia aivojen palkitsemisalueella, esiintyy vähemmän masennuksen oireita, ja vaikka nämä ihmiset olisivat masentuneita, toipuvat he masennuksesta nopeammin verrattuna henkilöihin, joiden aivojen palkitsemisjärjestelmä ei aktivoidu yhtä voimakkaasti. Suurin osa aivojen stressiä koskevista tutkimuksista tarkastelee tapahtumia, jotka tapahtuvat yksilöllisellä tasolla, mutta UCLA:n tutkijaryhmä halusi nähdä, voidaanko tätä laajentaa suurempaan tapahtumaan, kuten koskemaan poliittisen ilmapiirin muutosta. Tutkimuksessa testattiin, reagoivatko aivot edellä mainittujen havaintojen valossa poliittiseen ahdistukseen. Ja kyllä ne reagoivat: vaalien jälkeen ja vaalien johdosta jotkut ihmiset

107

kokivat itsensä stressaantuneiksi ja masentuneiksi, mutta toiset eivät. Johtopäätöksenä todettiin, että jos aivojen palkitsemisjärjestelmä on aktiivinen ja pysyy aktiivisena, ihminen voi vaimentaa ahdistuneisuutta ja masennusta. Näyttää siis siltä, että ihmiset suojautuvat masennukselta joko aivojen palkitsemisjärjestelmän korkean aktivoinnin ansiosta sekä/tai perheen tuella. Mutta jos nämä suojaavat tekijät puuttuvat, ihminen kokee itsensä stressaantuneeksi ja jopa masentuneeksi.

Eräässä toisessa tutkimuksessa havaittiin, että useammat henkilöt ilmoittivat negatiivisen mielialan lisääntymisestä vaaleihin johtaneina päivinä, ja piikki oli vaaliyönä. Emotionaaliset ja fysiologiset vasteet olivat osin riippuvaisia sukupuolesta ja osin poliittisista asenteista. Vaalien jälkeen häviäjän kannattajilla havaittiin korkeampaa stressiin liittyvää kortisolia verrattuna niihin, jotka olivat äänestäneet voittajaa. Alttius stressiin vaihtelee yksilöiden välillä. Stressin mekaniikka on yleensä sama henkilöstä toiseen. On todettu, että haasteellisissa olosuhteissa kehomme tuottaa hormoneja (adrenaliinia, kortisolia ja

norepinefriiniä). Traumaperäistä stressi-
häiriötä potevalla henkilöllä mm.
kortisolineritys aivoissa on keskimääräistä
heikompi, sydämen syketaajuus korkeam-
pi, samoin verenpaine sekä vahvistunut
sympaattisen hermoston aktiivisuus lepo-
tilassa. Muutokset poliittisessa järjestel-
mässä voivat vaikuttaa juuri näihin
stressivasteisiin äänestäjissä, erityisesti nii-
hin äänestäjiin, joiden kannattama puolue
on sosiopoliittisesti heikompi.

Traumatutkimusjohtaja Jack Saul tarkaste-
lee ilmiötä myös kollektiivisen trauman
kautta. *Kollektiivinen trauma* on koko yhtei-
söä koskeva trauma, joka aiheutuu ulkois-
ten tekijöiden vaikutuksesta. Se on yhtei-
nen kokemus uhasta ja ahdistuksesta vas-
tauksena äkillisiin tai meneillään oleviin
tapahtumiin. Vaikka yleensä kollektiivinen
trauma on peräisin äkillisistä tapahtumista,
voidaan se Saulin mukaan laajentaa myös
pitkäaikaisesti kestäviin ulkoisiin teki-
jöihin. Tietyt yhteisöt voivat kokea vaali-
tuloksen ja siihen liittyvät tekijät uhkaa-
vana ja tulevaisuuden ahdistavana.

Tästä voidaan siis päätellä, että vaalien
jälkeen häviäjän kannattajissa esiintyy kor-

keampaa stressiin liittyvää kortisolia verrattuna niihin, jotka äänestivät vaalien voittajaa. Muutamissa tutkimuksissa on havaittu, että muutokset yhteiskunnassa ja poliittisessa järjestelmässä voivat vaikuttaa stressivasteisiin äänestäjissä, joiden kannattama puolue on sosiopoliittisesti heikompi. Tutkimukseen osallistuneilla havaittiin samanlaisia oireita kuin traumaattisessa stressihäiriössä. Vaalitulos ja siitä seurannut epävarma tilanne aiheuttaa kohonnutta stressiä monille ihmisille, ja moni kokee tulevaisuuden jopa ahdistavana. Vaaleihin liittyvää stressiä ja masennusta voidaan kuitenkin lieventää sosiaalisen tuen ja palkitsemisjärjestelmän avulla. Traumaperäinen stressihäiriö voidaan yleensä tunnistaa noin kuukauden kuluttua traumatapahtumasta.

OSA V

Miten päästä totuuden jäljille?

"Poliittinen kieli... on suunniteltu saamaan valheet kuulostamaan totuudenmukaisilta ja murha kunnioitettavalta, ja antamaan puhtaalle tuulelle vakauden vaikutelman." − George Orwell

5. Miten päästä totuuden jäljille?

Useimmat valehtelijat huijaavat suurinta osaa ihmisistä suurimman osan ajasta. Totuuden jäljille on haastava päästä, koska ei löydy mitään universaalista vihjettä, joka varmasti paljastaisi valehtelun. Valehtelijalla on aina etu, ainakin siihen saakka kunnes jää kiinni.

5.1 Valehtelu rehottaa

Mistä tietää, että poliitikko valehtelee? No siitä, kun hänen huulensa liikkuvat. Tämä vitsiksi tarkoitettu sanonta on kuitenkin suurelta osin totuudenmukainen havainto. Tutkimusten mukaan poliitikon ammatti on yksi epärehellisimmistä ammateista koko maailmassa. Valehtelusta tai muunnellun totuuden kertomisesta on tullut olennainen osa heidän ammattiaan. Valheiden verkko on nähtävissä erityisesti ennen vaaleja. Äänestäjiä kosiskellaan mitä älyttömimmillä lupauksilla. Äänestäjät haluavat kuulla vaalilupauksia, jotka auttavat ja hyödyttävät heitä riippumatta siitä, pystytäänkö niitä toteuttamaan. Äänestäjille tärkeintä on kuulla asioita, jotka sopivat parhaiten yhteen heidän omien ajatustensa ja arvomaailmansa kanssa riippumatta siitä, ovatko ne totta vai ei tai pystytäänkö niitä toteuttamaan. Ja poliitikot yrittävät säilyttää vaalilupausten toteutumisen illuusiota sekä yhteenkuuluvuuden tunnetta useiden erilaisten ihmisten kanssa samaan aikaan.

Päättäjillä valehtelun motiivina toimii valheesta saatu hyöty. Listasin tähän alle 10 erilaista motiivia, miksi ehdokkaat valehtelevat meille (valehtelua ja siihen liittyviä syitä olen tarkastellut kirjassani Venyvä totuus).

1) He pystyvät.

Muunnellun totuuden kertomisesta on tullut olennainen osa ja jopa vakiintunut tapa poliitikon ammattia. Poliitikolle on tyypillistä käyttää monitulkintaista, sekavaa ja ylimalkaista ilmaisutapaa. Asioiden merkityksistä tulee tarkoituksenhakuisesti epämääräisen epätarkkoja, jotta moni pystyisi samaistumaan asiaan ja sitä kautta myös kannattamaan ehdokasta. Äänestäjät haluavat kuulla vaalilupauksia, jotka auttavat ja hyödyttävät heitä riippumatta

115

siitä, pystytäänkö niitä toteuttamaan. Ja kukaan, mediasta puhumattakaan, ei joko uskalla, pysty tai osaa haastaa ehdokkaiden poliittista jargonia, vaan hyväksyvät sen ikään kuin totuutena.

2) Valheiden tarkoituksena on suojella joko itseä tai aikaisempia valheita.

Ehdokas ei halua jäädä kiinni aikaisemmista valheistaan, koska hän ei halua paljastua epäluotettavaksi, ja valheet peitetään yleensä lisävalheilla. Useampi ehdokas on jo poliitikko, ja jatkaakseen sekä harjoittaakseen poliittista uraansa hänen on usein jatkettava muunnellun totuuden kertomista. Valehtelun avulla ehdokkaat myös peittävät aikaisempia valheitaan. Lisäksi he luottavat siihen, että äänestäjillä on lyhyt muisti.

3) He ajavat omaa etuaan.

Päättäjät valehtelevat, koska haluavat saavuttaa tietyn tavoitteen, yleensä tulla valituksi tai kerätä mahdollisimman paljon ääniä puolueelleen. Tutkimusten mukaan henkilöt valehtelevat vieläkin enemmän erityisesti tilanteissa, joissa siitä on suoranaista hyötyä joko heille tai heidän lähipiirilleen. Valehtelun kautta ehdokas voi myös valehdella välttääkseen häpeää. Ehdokkaat valehtelevat myös, jos heillä on liikaa painetta tai heille annetaan tarpeeksi kannustimia.

4) He suojelevat äänestäjiä ikäviltä tosiasioilta.

Äänestäjille kerrotaan se, mitä he haluavatkin kuulla. Erityisesti vaalikauden aikana ehdokkaat ovat muun muassa voimakkaasti katkeria maan nykyisistä olosuhteista, irtisanoutuvat senhetkisestä toiminnasta ja lupaavat äänestäjille parempia aikoja ja valoisampaa tulevaisuutta. Ehdokkaat antavat siis näennäisesti toivoa, ja äänestäjät haluavat uskoa toivoon.

5) He haluavat olla varteenotettavia henkilöitä.

Ehdokkaat haluavat, että heitä kunnioitetaan ja että heistä tykätään. He tietävät, että valheilla (katteettomilla vaalilupauksilla) he voivat tehdä vaikutuksen äänestäjiin. Ehdokkaat haluavat luoda itsestään myönteisemmän vaikutelman, ja siksi he tarjoavat vaalilupauksia ja sen kautta kiinnostusta, hyväksyntää sekä ääniä. Todelliset näkemykset piilotetaan. Valehtelun kautta ehdokkaista tulee näennäisesti luotettavampia, pätevämpiä sekä pystyviä. Luottamus saavutetaan esimerkiksi silloin, kun ehdokas erottaa itsensä muista valehtelevista ehdokkaista.

6) He haluavat valtaa.

Ehdokkaat haluavat päättäjiksi. Tämä asema tuo heille valtaa. Valehtelun avulla saavutetaan päämäärä. Kaikki keinot ovat sallittuja vallan haalimiseksi.

7) He pelkäävät totuuden kertomista.

Täydellisessä totuudessa pysyminen vaatii suurta rohkeutta, ja suurimmalta osalta ehdokkaista ei tällaista rohkeutta löydy. Tämän lisäksi he tietävät, että totuudenpuhujista ei pidetä. Totuudenpuhuja ei tule saamaan ääniä, koska paradoksaalisesti äänestäjä ei halua kuulla totuutta. Vaan äänestäjä haluaa kuulla ehdokkaalta asioita, jotka tukevat ja ajavat heidän omia tarkoitusperiään. Tämän takia ehdokkaat välttelevät rehellisiä keskusteluja. Totuudessa pysyminen vaatii suurta rohkeutta, eikä suurimmalta osalta poliitikoista löydy tätä rohkeutta. On huimattavasti helpompaa myötäillä äänestäjiä kuin yrittää muuttaa heidän mielipiteitään. Poliittiset johtajat usein myös piilottavat todelliset näkemyksensä silloin, kun heidän näkemyksensä poikkeavat enemmistön yleisestä mielipiteestä tai julkisesta kannasta. Jos äänestäjät suosivat jotain tiettyä asiaa, ehdokaskin usein teeskentelee tukevansa sitä, mutta valtaan astuessaan ei enää tuekaan asiaa. Teeskentelyn avulla he saavat tehokkaasti ääniä. Poliitikot, jotka kieltäytyvät valehtelemasta, ovat systemaattisesti epäedullisessa asemassa suhteessa niihin, jotka niin tekevät. Totuudenkertojista ei pidetä, ja siksi totuudenpuhujat ovat vähemmän suosittuja ja voittavat vähemmän vaaleja.

8) Valehtelu tuo sosiaalista mukavuutta.

Valheet toimivat vaalilupausten voiteluaineena. Ehdokkaan on paljon helpompi myötäillä äänestäjiä kuin olla eri mieltä heidän kanssaan. Ihmisille on paljon helpompi olla samaa mieltä muiden kanssa kuin eri mieltä.

9) Rationalisointi.

Päättäjät tietävät kertovansa muunneltua totuutta, he tietävät, että se on väärin, mutta uskottelevat itselleen, että valhtelussa on kyse ainoastaan pienemmän pahan valitsemisesta suuremman pahan välttämiseksi. Muunneltu totuus ei tunnu valheelta, koska he perustelevat itselleen, miksi toimivat niin. Ehdokkaat haluavat myös säilyttää käsityksen itsestään rehellisenä henkilönä. Valhe ei tunnu valheelta, jos henkilö perustelee itselleen, miksi toimii näin. Ehdokas esimerkiksi vakuuttaa itselleen, että valhe on niin pieni, ettei se vaikuta mihinkään tai vahingoita ketään ja tämän lisäksi vakuuttaa itselleen, että kaikki muutkin ehdokkaat antavat katteettomia vaalilupauksia. Tämän lisäksi he puolustelevat valheitaan, jos he kokevat, että sen kautta estetään tietämätön äänestäjä äänestämään haitallisen politiikan puolesta. Tässä kuitenkin ongelmaksi nousee se, että kuka pystyy määrittelemään "haitallisen politiikan"? Jokaisen ehdokkaan mukaan lähes kaikki muut puolueet tekevät haitallista politiikkaa paitsi hänen puolueensa.

10) Ahneus.

Ahneuden taso vain kasvaa, ja ainoa syy, miksi he harjoittavat poliittista uraansa, on saada vielä lisää rahaa ja valtaa. Valheen kautta he saavat valtaa sekä kontrollin tunnetta.

Valehtelun lisäksi päättäjät ymmärtävät asioita tahallaan väärin tai jättävät kertomatta oleelliset asiat. Lisäksi he käyttävät hyväkseen ja hyödyntävät äänestäjien tietämättömyyttä ja hyväuskoisuutta. Vähemmän asiantuntevia äänestäjiä on helpompi huijata. Äänestäjän kannattaa pitää mielessä, että poliitikot ajavat lähinnä omia henkilökohtaisia etujaan ja /tai oman puolueensa etuja. Suurin osa ehdokkaista välittää lähinnä vain heidän omasta henkilökohtaisesta hyvinvoinnistaan, ei äänestäjiensä.

Nurinkurista tässä koko kuviossa on se, että vaalien alla poliitikot kapinoivat korruptoitunutta poliittista ja taloudellista järjestelmää kohtaan, mutta ovat valitettavan usein itse kyseisen järjestelmän manipuloituja nukkeja. Ja mitä tulee

äänestäjiin, niin ironista on se, että samat
äänestäjät, jotka kritisoivat epärehellisiä
poliitikkoja, äänestävät heitä yhä uudes-
taan ja uudestaan valtaan, varsinkin jos
nämä valheet tukevat ja vahvistavat
äänestäjän omia mielikuvia, tavoitteita ja
tarpeita.

5.2 Miten päästä totuuden jäljille?

Kehonkielen sekä totuudenmukaisuuden
arvioinnin ammattilaisena paljastan vielä
tässä lopussa muutaman vinkin (5 kohtaa)
siitä, kuinka päästä totuuden jäljille. Nämä
mainitsemani viisi kohtaa on maallikonkin
helppo tunnistaa, eikä sinun tarvitse olla
kehonkielen ammattilainen näiden
tunnistamiseen.

Kirjassani Valheenpaljastus 1.01 olen
esitellyt tarkemmin valheenpaljastukseen
tarvittavia keskeisiä tietoja ja taitoja,
yksityiskohtaisia sanattomia sekä sanallisia
vihjeitä, jotka tuovat lukijan askeleen
lähemmäksi totuutta.

Totuuden jäljille pääsee kyseenalaistamalla, löytämällä syyn, tarkastelemalla henkilön lähtötasoon tulevia muutoksia sekä ottamalla huomioon kontekstin.

Kyseenalaista. On havaittu, että ihmisten lähtökohtainen oletus on se, että se, mitä heille kerrotaan tai mitä he kuulevat, on automaattisesti totta. Useimmat ovat haluttomia käyttämään kognitiivisia resurssejaan sen harkitsemiseen, että joku valehtelisi heille. Tämän vuoksi on hyvä kyseenalaistaa ja muistaa, että henkilön totuudeksi väittämä asia ei kuitenkaan välttämättä tarkoita sitä, että se olisi totta.

Löydä syy! Tarkista, onko valehtelulle jokin motivaatio. Yleisimmät syyt valehtelulle ovat yleensä seksi, raha ja valta. Politiikassa ehdokas haluaa yleensä ansaita enemmän rahaa tai saada enemmän valtaa. Ehdokkaat voivat myös valehdella, kun he yrittävät tehdä äänestäjään vaikutuksen. Varmista, löytyykö henkilöltä jokin mahdollinen motivaatio valehtelulle (edellisessä kappaleessa 5.1 valehtelu rehottaa on mainittu useita erilaisia motivaatioita).

Henkilön lähtötaso. Vertaa näkemääsi henkilön normaaliin käyttäytymiseen eli henkilön lähtötasoon (englanniksi baseline). Poliitikoista on onneksi paljon kuvamateriaalia, videoita, haastatteluja, joista on helppo löytää kullekin poliitikoille oma ominainen käyttäytyminen. Kaikki normaalista poikkeavaan käyttäytymiseen on siis syytä kiinnittää huomiota.

Konteksti. Ole tietoinen asiayhteydestä. Konteksti on kehonkielen tulkinnassa avainasemassa.

Paljastan nyt 5 merkkiä, joita politikoilla on usein havaittavissa. Nämä merkit ovat vahvoja indikaattoreita siitä, että jokin ei nyt täsmää.

1) **Silmien räpytystaajuus.**

Henkilön on erittäin vaikea hallita silmien räpytystaajuutta. Se on erittäin luotettava indikaattori joko stressistä, henkilön kokemasta epämukavuuden olotilasta tai henkilön keskittyneisyydestä. Tarkkaile henkilön *silmien räpytystiheyttä*. Keskiverto ihminen räpyttelee n. 16–20 kertaa minuutissa. Jos räpytystiheyteen tulee muutoksia, niin

tämä kertoo siitä, että henkilöllä on vai-
keuksia prosessoida jotakin. Aivojen on
vaikea käsitellä jotakin asiaa. Silmien rä-
pyttely voi siis joko lisääntyä tai vähentyä.
Liian hidas räpyttely kertoo siitä, että henki-
lö keskittyy johonkin, miettii jotain, on
ylikuormittunut, pidättelee tunteitaan tai
ei halua kohdata tosiasioita tai valheitaan.
On havaittu, että sen jälkeen, kun henkilö
on antanut tietoa, jonka hän tietää olevan
valheellista, mutta hän haluaa, että häntä
uskotaan, hänen räpytystaajuutensa vä-
hentyy. *Nopea räpyttely* vastaavasti kertoo
hermostuneisuudesta, jännityksestä, ahdis-
tuneisuudesta. Henkilö yrittää joko pysyä
tarinassaan tai hänen on vaikea prosessoi-
da jotakin asiaa.

2) **Huulten puristaminen.**

Huulten puristaminen kertoo pidätetystä
mielipiteestä. Henkilö voi olla eri mieltä,
pidätellä tietojaan tai tosiasioita tai ei halua
puhua asiasta. *"Minulla ei mitään sanottavaa"*,
"en halua puhua tästä". Huulten
puristaminen alaspäin kielii usein stressistä
tai siitä, että henkilö on mahdollisesti teh-
nyt virheen tai jäänyt kiinni valehtelusta.
Huulten puristaminen ja *vetäytyminen suuhun*

on vahva indikaattori korkeasta stressistä
sekä emotionaalisesta kuohunnasta. Taustalla voi myös olla huolta, ahdistusta tai
ihan fyysistä kipua.

3) Olkapäiden nouseminen.

Normaalissa sekä *symmetrisessä olkapäiden
kohottamisessa* ei ole mitään erikoista.
Riippuen kontekstista se voi kertoa siitä,
että henkilö ei joko tiedä, ei välitä, ei ole
kiinnostunut, halveksuu tai hänellä ei ole
mitään tekemistä asian kanssa. Huomiota
tuleekin kiinnittää joko *todella nopeaan
olkapäiden kohotukseen tai vain yhden olkapään
kohottamiseen* (yhdessä olkapäässä voi myös
esiintyä ns. mikroele). Tällöin kyseessä on
todennäköisesti jokin ongelma. Tämä viestii yleensä sitä, että henkilö ei juurikaan
usko lausumaansa tai hän ei ole sitoutunut
siihen, mitä sanoo.

4) Käsien liikkeet.

Tarkkaile käsien liikkeitä. Ovatko ne synkroniassa puhutun kanssa? Ovatko kädet
rentoina vai jäykkinä kuin karatekädet?
Osoittavatko ne siihen suuntaan, mihin
puhuja puhuu? Mihin kämmenet osoit-

tavat? Koskettelevatko kädet puhujan kas-
voja? Käsien liikkeitä ovat mm. erilaiset
kuvittajat ja mukauttajat (englanniksi *adap-
tors* tai *manipulators*). *Kuvittajilla* kuvitetaan
tarinaa, ja *mukauttajat* (silittäminen, kosket-
taminen, hierominen) toimivat lähinnä
mielen tyynnyttäjinä. Totuudenpuhujilla
kuvittajat ovat synkroniassa puheen kans-
sa, kun taas valehtelijoilla kuvittajat yleensä
vähenevät ja ovat epäsynkroniassa. Valeh-
telijoilla myös mukauttajien määrä usein
lisääntyy. Runsaiden adaptorien käyttö
kertoo henkilön kokemasta epämukavuu-
den tilasta sekä stressistä. Samoin *jäykät
karatekädet* kertovat usein pelosta, stressis-
tä tai vihasta. Jos kädet eivät osoita siihen
suuntaan, johon puhe on suunnattu, hen-
kilö ei ole tällöin täysin sitoutunut
tarinaansa. Jos henkilön *kämmenet ovat
ulospäin ja avoimet*, se on rehellisyyden
osoitus, mutta jos ne kääntyvät yhtäkkiä
sisäänpäin, se on tiedostomaton signaali,
jossa henkilö todennäköisesti pidättelee
tietojaan tai tunteitaan.

Kasvojen jatkuva koskettaminen käsillä on yksi
vahva indikaattori henkilön kokemasta
korkeasta stressitasosta, ja se voi myös ker-
toa petoksesta.

127

5) Vastaustapa.

Kiinnitä huomiota siihen, millaisia sanoja henkilö käyttää. Ovatko sanat tarkkoja vai epämääräisiä? Pitääkö henkilö normaalia pidempiä taukoja verrattuna henkilön lähtötasoon? Onko puhuminen sujuvaa? Käyttääkö hän vastauksessaan poissulkemisen taktiikkaa? Ja ennen kaikkea, vastasiko henkilö hänelle esitettyyn kysymykseen? Kysymyksissä *"kyllä"* tai *"ei"*, vastasiko henkilö sanoilla *"kyllä"* tai *"ei"*?

Ulkoa opetellun poliittisen jargonin eli taidon sanoa paljon sanomatta lopulta yhtään mitään kautta henkilö pyrkii tekemään itsestään ja sanomisistaan uskottavamman. *Epämääräisten sanojen käyttämisen* kautta henkilön ei tarvitse täysin sitoutua tarinaansa. Jos henkilö pitää *pidempiä taukoja, änkyttää, viljelee täytesanoja,* hän mahdollisesti keksii vastausta eikä puhu täysin totta. *Yhtäkkiset muutokset puhenopeudessa tai rytmissä* kielivät stressistä tai haluttomuudesta vastata. Jos puhenopeus tietyssä kohdassa kiihtyy, niin saattaa olla, että henkilö haluaa päästä kyseisestä asiasta mahdollisimman pian pois. *Poissulkemistaktiikan* kautta henkilö sulkee keskustelun sanomalla mm. *"mitä tähän nyt voin sanoa..."*,

128

"jos oikein muistan, niin...", *"yritän vain selittää..."*. Hälytyskellojen tulee aina soida, jos henkilö *laiminlyö kysymyksiä*, ei joko vastaa niihin tai vastaa kysymyksiin vastakysymyksillä. Vastauksissa, joissa henkilö alkaa *viittamaan omiin ominaisuuksiinsa tai ansioluetteloonsa*, tämä on vain tapa, jolla henkilö pyrkii saamaan itsensä näyttämään osaavammalta, luotettavammalta sekä kykenevämmältä muiden silmissä. Muiden *syyllistäminen sekä syyttäminen* on kyse vaikutelman luomisesta, omasta erinomaisuudestaan sekä muiden surkeudesta ja huomion kiinnittämisestä muualle.

Muista, että Pinokkion nenää ei ole olemassa. Tietyt käyttäytymismallit ja tunteet ilmenevät usein silloin, kun ihmiset valehtelevat, mutta mikään yksittäinen vihje ei kerro valehtelusta. Ei siis ole olemassa mitään yksittäistä merkkiä, joka paljastaisi valehtelun. Eli jos näet yhden valehtelusta kielivän merkin, niin se ei kerro vielä mitään, kaksi merkkiäkään ei vielä riitä, mutta jos näet kolme tai useamman valehtelusta kielivän merkin, jotka esiintyvät klustereina (klusterilla tarkoitetaan useita samanaikaisesti havaittuja petoksen merkkejä), niin voit sanoa, että jokin tässä ei nyt täsmää.

Loppusanat

On varsin tavallista, että äänestäjät saattavat ennen vaaleja kritisoida vallassa olevia poliitikkoja tai ehdokkaita, mutta päätyvät kuitenkin äänestämään samat naamat ja samat puolueet valtaan vuodesta toiseen samalla odottaen asioiden muuttuvan tai parantuvan. Mahdottomien asioiden sanominen tai katteettomat vaalilupaukset eivät siis toimi esteenä poliittiselle menestykselle. Äänestäjät ovat äänestäneet ja tulevat äänestämään ehdokkaita, joilta selkeästi puuttuu tehtäviin vaadittavat taidot ja kognitiiviset kyvyt. Poliittinen jargon eli taito puhua paljon sanomatta lopulta yhtään mitään tuntuu riittävän äänestäjille. Äänestäjät eivät näytä olevan kiinnostuneita ehdokkaiden älyllisestä tasosta tai ammatillisesta kyvykkyydestä, vaan valitsevat todennäköisemmin ehdokkaan, josta pitävät tai jota ihailevat. Usein riittää, että ehdokkaan teesit ja vaalilupaukset tukevat likimain äänestäjän omia tarpeita sekä tärkeitä toiveita.

Enemmän ääniä saa ehdokas, joka ei haasta äänestäjien sosiaalista tai taloudellista asemaa, vaan sanoo yksinkertaisia asioita, itsestäänselvyyksiä, ulkoa opeteltuaja fraaseja, jotka usein peittävät epämiellyttävät tosiasiat. Hieman enemmän äänestäjien ajattelua haastava ehdokas, joka puhuu monimutkaisia asioita, kertoo epämiellyttäviä totuuksia, ei vedä äänestäjiä puoleensa. Älylliset ja monimutkaiset aiheet ja keskustelut saavat ihmiset usein lannistumaan. Heillä ei ehkä ole tarpeeksi tietoa tai kokemusta asiasta, tai he voivat pitää aihetta liian pelottavana. Voiton vie yleensä se itsevarmin henkilö, joka tarjoaa yksinkertaista ratkaisua ja lupaa, että suuri ja monimutkainen asia katoaa. Tämä tilanne on valitettava, mutta äänestäjien mielet toimivat näin.

Suurin osa äänestäjistä toimii vaalikarjan tavoin. He kulkevat lauman mukana suosituimman, enemmistövetoisen ja/tai äänekkäimmän vaalikampanjan innoittamana. Osalle heistä riittää pelkästään oikea puolue-kirja ja osalle ainoastaan se tieto, että ehdokas on tarpeeksi suosittu tai tunnettu. Ehdokkaan varsinainen substanssi on parhaimmillaankin toissijai-

131

nen tekijä, jos edes sitä. Lauman mukana menijät hyväksyvät lähes kyseenalaistamatta suositut vaaliteemat tai vaalilupaukset sellaisinaan kuin ne ovat ja luottavat niihin sokeasti ymmärtämättä sitä tosiseikkaa, että äänestämällä samoja ehdokkaita ja samoja puolueita valtaan mikään ei tule muuttumaan. Jos mikään ei muutu, niin mikään ei muutu. Vaaleissa äänestäminen on kansalaisten keino ilmaista hyväksyntänsä tai paheksuntansa tehdyille päätöksille ja niiden seurauksille ja yhtä lailla yksittäisille poliitikoille kuin myös heidän edustamilleen poliittisille puolueille. Käytä ääntäsi niin, että sillä on merkitystä. Äänestäminen edellyttää perehtymistä sekä osallistumista. Haasta itseäsi ja kuulemaasi. Ole tietoinen tekijöistä, jotka voivat laukaista piilossa olevat ennakkoluulosi tai ennakkoasenteesi, kun seuraavan kerran annat äänesi vaaliuurnilla.

Lähteet:

Kirjoja

Baddeley, A. (2004). Your Memory: A User's Guide. Richmond Hill, Canada: Firefly Books.

Baldwin, J. (1985). The Price of the Ticket: Collected Nonfiction 1948-1985. New York: St. Martin's / Marek.

Beach, L.R. & Connolly, T. (2005). The Psychology of Decision Making: People in Organizations. Sage Publications. Thousands Oaks. London/ New Delhi.

Blais, A. (2000). To vote or Not to Vote?: The Merits and Limits of Rational Choice Theory. University of Pittsburgh Press.

Burgan, M. (2013). Voting and Elections. Raintree; UK ed.

Cialdini, R.B. (2001). Influence: Science and practice (4th ed.). Boston: Allyn & Bacon.

Clarke, H.D., Sanders, D., Stewart, M.C. & Whiteley, P.F. (2004). Political choice in Britain. Oxford: Oxford University Press.

DePaulo, B. (2018). The Psychology of Lying and detecting Lies. Bella DePaulo. United States of a America.

Durmus, M. (2022). Cognitive Biases – A Brief Overview of Over 160 Cognitive Biase. Lulu.com.

Ekman, P. (2009). Telling Lies: Clues to Deceit in the Marketplace, Politics, and Marriage. W.W, Norton. New York / London.

Feldman, R. (2010). The Truth About Lying. Virgin Books. New York.

Fisher, J. &Fieldhouse, E. & Franklin, M.N. & Gibson, R. & Cantijoch, M. (2018). The Routledge Handbook of Elections, Voting Behaviour and Public Opinion. Routledge. London and New York.

Glass, L. (2014). The Body Language of Liars: From Little White Lies to

Pathological Deception – How to see
Through the Fibs, Frauds, andFalsehoods
People Tell You Every Day. Career Press.
Pompton Plains, NJ.

Hibbing, J.R. & Smith, K.B. & Alford,
J.R. (2013). Predisposed: Liberals,
Conservatives, and the Biology of
Political Differences. Routledge. London
and New York.

Higgins, E. T., & Kruglanski, A. W.
(Eds.). (1996). Social psychology:
Handbook of basic principles. The
Guilford Press.

Himmelweit, H.T., Humphreys, P. & Jaeger,
M. (1985). How voters decide (Revised
edn). Milton Keynes: Open University
Press.

Hogg, M. A. (2001). Social categorization,
depersonalization, and group behavior. In
M. A. Hogg & R. S. Tindale
(Eds.), Blackwell handbook of social
psychology: Group processes (pp. 56–85).
Malden, MA: Blackwell.

Houston, P. & Floyd, M. & Carnicero S. (2012). Spy the Lie. Former CIA Officers Teach You How to Detect Deception. Icon Books Ltd, Omnibus Business Centre, New York.

Huhtasaari, S. (2018). Manipuloiva kieli. Uuden ajan subkonteksti. BoD. Helsinki.

Huhtasaari, S. (2020). Valheenpaljastus 1.01. BoD. Helsinki.

Huhtasaari, S. (2017). Venyvä totuus. Illuusio rehellisydestä ja monogamiasta. BoD. Helsinki.

Hämäläinen, H. & Laine, M. & Aaltonen, O. & Revonsuo, A. (2006). Mieli ja aivot. kognitiivisen neurotieteen oppikirja. Jyväskylä: Gummerus.

Laruelle, A. & Valenciano, F. (2012). Voting and Collective Decision-Making: Bargaining and Power. Cambridge University Express.

Mind, H. (2022) The Power of Dark Psychology and Gaslighting Manipulation: 13 Mind Control Secrets

that Control People's Thinking, Behavior,
and Move the Masses. Only Used for
Good. Independently published.

Saul, J. (2014). Collective Trauma,
Collective Healing. Promoting
Community resilience in the aftermath
of disaster. Routledge, New York.

Tyler, I. (2020) Stigma: The Machinery
of Inequality. Zed Books. London.

Mearsheimer J.J.(2011). Why Leaders Lie?
Oxford University Press.

Niemi, R.G. & Weisberg, H.F. & Kimball,
D.C. (2010). Controversies in Voting
Behavior, 5th edition. CQ Press. New
York.

Rogers, D. (2014). Voting. Attitudes and
Voting Behavior. (Voting, Elelctions and
Political Campaigns Book). Diana Rogers
publicatons.

Whiteley, P.F. & Seyd, P. (2002). High-
intensity participation: The dynamics of
party activism in Britain. University of
Michigan Press.

Julkaisuja

Aichholzer, J., and Willmann, J. (2020). Desired personality traits in politicians: similar to me but more of a leader. J. Res. Personal. 88, 103990.

Ansolabehere, S. & Hersh, E. (2011). Gender, Race, Age, and Voting: A Research Note. APSA 2011 Annual Meeting Paper.

Arnott, D. (2006). Cognitive biases and decision support systems development: A design science approach. Information Systems Journal, 16(1), 55–78.

Baumeister, R. F., & Leary, M. R. (1995). The need to belong: Desire for interpersonal attachments as a fundamental human motivation. Psychological Bulletin, 117, 497–529.

Brochet, F. & Dubourdieu, D. (2001). Wine Descriptive Language Supports Cognitive Specificity of Chemical Senses. Brain and Language 77, 187–196 (2001) doi:10.1006/brln.2000.2428

But, J.J. & Jongkind, D.K. & Voermans, W.J.M. (2022). Direct democracy in the constitution: good or bad for democracy?, The Theory and Practice of Legislation.

Cawvey, M., Hayes, M., Canache, D., & Mondak, J. J. (2017). Personality and Political Behavior. In W. R. Thompson (Ed.), Oxford Research Encyclopedia of Politics Oxford University Press.

Cialdini, R.B. Descriptive Social Norms as Underappreciated Sources of Social Control. Psychometrika 72, 263 (2007).

Crocker, J., & Luhtanen, R. (1990). Collective self-esteem and ingroup bias. Journal of Personality and Social Psychology, 58, 60–67.

Crocker, J., & Major, B. (1989). Social stigma and self-esteem: The self-protective properties of stigma. Psychological Review, 96, 608–630.

Day, M. (2013). Stigma, Halo Effects, and Threats to Ideology: Comment on The

Fewer the Merrier?. Analyses of Social Issues and Public Policy. 13. 49-51.

Dion, K. L. (2000). Group cohesion: From "field of forces" to multidimensional construct. Group Dynamics: Theory, Research, and Practice, 4, 7–26.

Dominquez, J.F. & Taing, S.A. & Molenberghs, P. (2015). Why do some find it hard to disagree? An fMRI Study. Journal of Front Hum Nerosci; 9: 718.

Druckman, J. N., and Lupia, A. (2012). Social science. Experimenting with politics. Science 335 (2), 1177–1179.

Feddersen, T.J. (2004). Rational Choice Theory and the Paradox of Not Voting. The Journal of Economic Perspectives Vol. 18, No. 1 (Winter 2004), pp. 99-112 (14 pages). American Economic Association.

Gerber, A.S. & Rogers, T. (2009): Descriptive Social Norms and Motivation to Vote; Everybody's Voting and so Should You. The Journal of Politics

Volume 71, Number 1. The University of Chicago Journals.

Goldschmied, N. (2005). The underdog effect: Definition, limitations, and motivations. why do we support those at a competitive disadvantage? University of South Florida.

Howe, L.C. and Krosnick, J.A. (2017), "Attitude strength", Annual Review of Psychology, Vol. 68 No. 1, pp. 327-351.

Jacobs L. R. & Shapiro R.Y. (1995-1996). Presidental Manipulation of Polls and Public opinion: The Nixon administration and the pollsters. Politcal science quarterly. Vol.110. No.4, pp.519-538.

Johns, R. (2017). Experiments. (Vols. 1-2). SAGE Publications Ltd.

Jonason, P. K. (2014). Personality and politics. Personal. Individual Differences 71, 181–184.

Kessler, A. S. (2005). Representative versus Direct Democracy: The Role of

Informational Asymmetries. Public Choice, 1*22*(1/2), 9–38.

Kim & Allison & Eylon & Goethals & Markus & Hindle & McGuire (2008). Rooting for (and then Abandoning) the Underdog. Journal of Applied Social Psychology. Volume 38, issue 10. Pages 2550-2573.

Krämling, A., Geißel, B., Rinne, J. R., & Paulus, L. (2022). Direct democracy and equality: a global
perspective. International Political Science Review.

Laruelle, A. & Valenciano, F. (2008). Voting and collective decision-making. Bargaining and power. Reprint of the 2008 hardback ed. Voting and Collective Decision-making: Bargaining and Power.

Lench, H. C., Domsky, D., Smallman, R., & Darbor, K. E. (2015). Beliefs in moral luck: When and why blame hinges on luck. British Journal Of Psychology, 106(2), 272-287.

Lewandowsky, S. & Ecker, U.K.H. &
Seifert, C.M. & Schwarz, N. & Cook, J.
(2012). Misinformation and Its
Correction. SagaJournals.

McGann, A. (2016). Voting choice and
rational choice. In W. Thompson
(Ed.), Oxford Research Encyclopaedia of
Politics (Oxford Research
Encyclopaedias). Oxford University

Mills, M. & Gonzalez, F.J. & Giuseffi, K.
& Sievert, B. & Smith, K.B. & Hibbing,
J.R. & Dodd, M.D. (2016). Political
conservatism predicts asymmetries in
emotional scene memory. Behaviioural
Brain Research. Volume 306, 1 June 2016,
Pages 84-90.

Moscovici, S., & Zavalloni, M. (1969).
The group as a polarizer of
attitudes. Journal of Personality and
Social Psychology, 12(2), 125-135.

Nai A, Maier J and Vranić J (2021)
Personality Goes a Long Way (for Some).
An Experimental Investigation Into
Candidate Personality Traits, Voters'

Profile, and Perceived Likeability. Front. Polit. Sci.

Noothigattu, R., Gaikwad, S., Awad, E., Dsouza, S., Rahwan, I., Ravikumar, P., & Procaccia, A. (2018). A Voting-Based System for Ethical Decision Making. Proceedings of the AAAI Conference on Artificial Intelligence, 32(1).

Oakley, M.; Mohun Himmelweit, S.; Leinster, P.; Casado, M.R. Protection Motivation Theory: A Proposed Theoretical Extension and Moving beyond Rationality—The Case of Flooding. Water 2020, 12, 1848.

Phillips-Wren, G. & Power, D.J. & Mora, M. (2019). Cognitive Bias, Decision Styles and Risk Attitudes in Decision Making and DSS. Journal of Decision Systems. Volume 28, 2019. Issue 2.

Richey, S. (2008). The Social Basis of Voting Correctly, Political Communication, 25:4, 366-376.

Roudometof, V. (2007). Collective Memory and Cultural Politics: an Introduction. Journal of Political & Military Sociology, 35(1), 1–16.

Ryan, J.B. (2010). The Effects of Network Expertise and Biases on Vote Choice. Political Communication 27:1, pages 44-58.

Schelling, G. & Briegel, J. & Roozendaal, B. & Stoll, C. & Rothenhäusler, H. & Kapfhammer, P. (2001). The effect of stress doses of hydrocortisone during septic shock on posttraumatic stress disorder in survivors. Biological Psychiatry. Volume 50, Issue 12, Pages 978-985.

Stanton, S.J. & Labar, K.S. & Saini, E.K. & Kuhn, C.M. & Beehner, J.C. (2010). Stressful politics: voters' cortisol responses to the outcome of the 2008 United States Presidential election. Psychoneuroendocrinology, 35(5):768-74.

Tashjian, S.M. & Galvàn, A. (2018). The Role of Mesolimbic Circuitry in Buffering

Election-Related Distress. Journal of Neuroscience, 38 (11) 2887-2898.

Vandello, J.A. & Goldschmied, N. & Richards, D.A.R. (2007). The Appeal of the Underdog. SageJournals.

Weinschenk, A. C. & Panagopoulos, C. (2014). Personality, negativity, and political participation. J. Soc. Polit. Psychol. 2, 164–182. 10.5964/jspp.v2i1.280

Zander, A. (1979). The Study of Group Behavior During Four Decades. The Journal of Applied Behavioral Science, 15(3), 272–282.

Zhou, Z., Serafino, M., Cohan, L. et al. (2021), Why polls fail to predict elections. J Big Data 8, 137.

Lehtiä

DailyMail (2012). Is this the reason democracy can't work? Study find humans are too dumb to pick the right person to lead us.

The Daily Bell (2013). Politicians'
Criminal Minds.

The Federalist (2015). How polls
manipulate voters -no matter the results.

TheGuardian (2015). Democracy v
psychology. Why people keep electing
idiots.

TheGuardian (2016). Don't trust the
polls: the systematic issues that make
voter surveys unreliable.

TheGuardian (2011). Voters view tall
people as better suited for leadership.

PsychologyToday (2017). The bandwagon
effect.

PsychologyToday (2013). The Familiarity
Principle Attraction.

Psychology Today (2019) Going with the
Flow. Happiness as being fully in the
moment.

PsychologyToday (2017). The Science behind why people follow the Crowd.

PsychologyToday (2012). It's weird, candidate height matters in elections.

Psychology Today (2017). The Politics of Memory.

Psychology Today (2016). The truth about lying politicians.

PsychologyToday (2013). The Familiarity Principle Attraction.

Psychology Today. (2012). Self-Deception I: Rationalization.

ScienceDaily (2016). Hey tall Guy. What's the politics like up there?

Suomenkuvalehti (2015). Tutkimus: Negatiivinen ihminen äänestää maahanmuuttokielteisiä.

British Election Study (BES) post-election surveys from 1964 to 2019, BES panel surveys from 2020, 2021 and 2022, plus top-up data from a survey carried out by professor Ben Ansell (Nuffield College, Oxford) between Oct 24 and 31, 2022 as part of his WEALTHPOL project.

Clark, C., Rosenzweig, W., Long, D., & Olsen, S. (2004). Double bottom line project report: Assessing social impact in double bottom line ventures. Methods Catalogue. New York, NY: Research Initiative on Social Entrepreneurship, Columbia Business School.